쇼핑몰 창업 AtoZ

카페24
무료 온라인
쇼핑몰 만들기

고은희 지음

KB081657

아티오
ArtStudio

고은희

제로레인보우 대표이며 카페24 쇼핑몰 전문강사와 직업전문학교 전자상거래 전문강사로 활동하였다.
저서로는 '레이아웃별로 따라하면서 배우는 카페24 스마트 디자인을 이용한 실전테크닉', 'cafe24 스마트 디자인으로
인터넷 쇼핑몰 만들기', '한 권으로 끝내는 쇼핑몰 창업&운영 바이블'이 있다.

쇼핑몰 창업 AtoZ
카페24 무료 온라인 쇼핑몰 만들기

2023년 5월 10일 개정판 인쇄
2023년 5월 20일 개정판 발행

펴낸이	|	김정철
펴낸곳	|	아티오
지은이	|	고은희
마케팅	|	강원경
표 지	|	김지영
편 집	|	이효정
전 화	|	031-983-4092~3
팩 스	|	031-696-5780
등 록	|	2013년 2월 22일
정 가	|	21,000원
주 소	|	경기도 고양시 호수로 336 (브라운스톤, 백석동)
홈페이지	|	http://www.atio.co.kr

* 아티오는 Art Studio의 줄임말로 혼을 깃들인 예술적인 감각으로 도서를 만들어 독자에게 최상의 지식을 전달해
  드리고자 하는 마음을 담고 있습니다.

머·리·말

카페24에서 일대일 강의 및 직업 전문학교에서 전자상거래 과정 강의를 진행하면서 어떻게 하면 좀 더 쉽게 쇼핑몰 제작 교육을 할 수 있을까 고민을 하게 되었습니다.

이 책에서는 혼자서도 따라하면서 쉽게 배울 수 있도록 HTML 기본 기능과 실무 예제(농수 산물 쇼핑몰, 패션의류 쇼핑몰, 인테리어 쇼핑몰)를 구성하여 활용 능력을 키울 수 있도록 하였습니다. 또한, 부록으로 쇼핑몰 제작에 필요한 필수 프로그램을 설명하였습니다.

최근 카페24 스마트 디자인은 고객 편의성에 맞게 개편이 이루어져 제작하기 쉽고 다양한 템플릿을 갖춘 상태로 업그레이드되어서, 기본 기능만 알면 간단하고 빠르게 전문가처럼 제작을 완료하여 운영에만 집중할 수 있도록 나날이 발전해가고 있는 것 같습니다.

더군다나 그 모든 것을 무료(전자 지불 결제 시스템 PG 포함)로 운영할 수 있고요.

이 책을 보고 로고, 팝업, 상세페이지, 쇼핑몰, 기업 홈페이지까지 내 손으로 직접 하나하나씩 만들어 성취해보는 기쁨을 느끼시기를 바랍니다.

이 책을 위해 도움을 주신 아티오 출판사와 기획자, 편집 디자이너분들에게 진심으로 고마움을 전합니다.

고은희 appcomo@naver.com

이 책을 통해 만들어보는 쇼핑몰들

이 책에서 만든 소스 자료는 아티오(www.atio.co.kr)−[IT/기술 도서]−[자료실]에서 다운받을 수 있습니다.

1. 농산물 쇼핑몰 : 스마트 디자인 Easy 오우이 반응형을 이용하여 구축

https://atio2025.cafe24.com/

스마트폰으로 QR코드를 읽으면
모바일로 구축된 쇼핑몰을 볼 수 있습니다.

PC로 구축된 쇼핑몰은
이 주소로 들어가면 볼 수 있습니다.

2. 패션의류 쇼핑몰 :
스마트 디자인 아이베이스 반응형을 이용하여 구축

https://atio2025.cafe24.com/

3. 인테리어 기업 쇼핑몰 :
스마트 디자인 무료 스킨-기업형을 이용하여 구축

https://atio2025.cafe24.com/

차·례

차 · 례

카페24에서 쇼핑몰을 구축할 때 장단점 및
카페24에서 제공하는 스마트 디자인의 의미를 살펴보고
레이아웃 기능과
HTML&CSS 기능에 대해 살펴봅니다.

PART

01

카페24 스마트 디자인
제작 기초

chapter 01 | 카페24 스마트 디자인이란?

- 새롭게 리뉴얼된 카페24 스마트 디자인은 독립몰에서만 가능했던 디자인 구성을 손쉽게 제약 없이 구현 가능하고, 클릭만으로 디자인 변경이 쉬워 전문 개발자 없이 쇼핑몰 구축이 가능합니다.

- 또한, 원하는 쇼핑몰 기능을 마음대로 추가 삭제가 가능하면서 자유롭게 배치할 수 있고, 쇼핑몰 화면을 구성하는 각 영역을 모듈 형식으로 미리 제공하기 때문에 스마트폰의 위젯처럼 화면에서 자유롭게 원하는 위치에 넣거나 뺄 수 있습니다.

- 익스플로러는 물론 크롬, 네이버 웨일, 사파리 등 웹 브라우저에 상관없이 디자인이 틀어지지 않는 웹표준으로 작성이 가능합니다.

- 이러한 모든 것이 비용없이 평생 무료로 사용할 수 있으며, 용량 제한 없이 무제한으로 상품을 등록할 수 있는 장점이 있습니다. 현재 통합결제(PG) 시스템 이용 또한 무료로 신청할 수 있어, 온라인 사업을 진행하고자 하는 분들께 편리한 창업 환경을 제공하고 있습니다.

- 카페24의 '바로 오픈 PG'는 심사 과정 없이 바로 결제 시스템을 사용할 수 있고, 사업자등록증이 없는 경우에도 신청가능해 더욱 빠르게 판매 준비를 마칠 수 있는 큰 장점이 있습니다 (https://ec.cafe24.com/start/setting/pg.html).

모듈이란?

모듈(Module)이란 '1개 또는 그 이상의 콘텐츠와 기능의 묶음'입니다. 즉, 모듈은 프로그램의 최소 단위이며, 각 모듈은 HTML, 그리고 변수에 의한 조합으로 구동됩니다. 모듈은 하나의 독립된 완전한 프로그램으로, 사용자가 입력한 module = "모듈아이디"란 코드에 의해서 판단되며 구동됩니다.

쇼핑몰은 각각의 모듈로 이루어져 있습니다.

예 쇼핑몰 관리자 기능이 활성화되었을 때 마우스 오버 시 영역별로 묶음 단위를 모듈이라 합니다. 모듈은 상단의 그림처럼 웹상에서 표현될 수 있습니다.

• 모든 모듈은 페이지에 제약받지 않습니다. 따라서 어떤 페이지에서도 자유롭게 사용하실 수 있습니다.
• 디자인 구성 및 편리한 관리를 위해 여러 모듈을 묶어서 패키지(Package)라는 단위로 사용하기도 합니다.

카페24 스마트 디자인은 다음과 같은 장점이 있습니다.

❶ **호스팅비 평생 무료** : 쇼핑몰 서버가 아무리 증설되어도 호스팅비를 청구하지 않습니다. 이벤트를 하거나 신상품이 추가되어 방문자가 크게 유입되더라도 카페24 쇼핑몰 호스팅을 평생 무료로 사용할 수 있습니다.

❷ **상품등록 수 무한대** : 카페24 쇼핑몰은 상품 등록 수에 제한없이 무한대로 등록할 수 있습니다.

❸ **상품 이미지 용량 무한대** : 이미지 파일의 저장공간을 용량의 80% 이상 사용 시 추가 신청하여 무한대로 사용할 수 있습니다.

❹ **트래픽 무한 제공** : 트래픽이란 쇼핑몰 사이트에서 발생하는 파일 전송량을 일컬으며, 관리자 모드에서 고객 방문에 의한 트래픽 수치를 확인할 수 있습니다. 고객 방문이 많은 쇼핑몰일 수록 트래픽량이 많이 발생하며, 전체 순위를 통해 나의 쇼핑몰 단계도 확인이 가능합니다. 카페24 쇼핑몰은 실시간 모니터링을 통해 증가되는 트래픽을 판단하고 무료로 트래픽이 무한 제공됩니다.

❺ **보안서버 무료** : 네트워크상 개인정보 보호를 위해 쇼핑몰에서 지켜야 하는 의무사항인 보안서버를 무료로 제공합니다.

❻ **도메인 무료 (가상 도메인)** : 카페24에 가입된 아이디가 가상 도메인이 되고 무료로 제공합니다 (예 http://카페24아이디.cafe24.com).

❼ **글로벌 쇼핑몰 제작 무료** : 카페24 관리자 모드 하나로 다양한 글로벌 쇼핑몰 제작을 동시에 구축 가능합니다(영문몰, 일문몰, 중문몰, 대만몰, 스페인어몰, 포르투갈몰).

❽ **무료 디자인 제공(10개 무료, 유료 디자인 무제한)** : 디자인 관리 메뉴에서 무료로 제공하는 디자인을 무료로 사용할 수 있습니다.

❾ **디자인 콘텐츠 무료** : 카페24 쇼핑몰을 이용하면 디자인뱅크(http://dbank.cafe24.com/)에서 제공하는 콘텐츠를 무료로 사용할 수 있습니다.

❿ **모바일 쇼핑몰 구축 무료** : 모바일기기로 쇼핑몰 접속 시 자동으로 모바일에 최적화된 모바일 쇼핑몰을 보여줄 수 있도록 제작할 수 있습니다.

⓫ **마켓플러스 서비스 무료** : 국내 대형 오픈마켓인 옥션, 지마켓, 11번가, 네이버 스마트스토어, 쿠팡 등과 연결되어 있어 카페24에 상품등록과 동시에 각 오픈마켓에 동시 판매가 가능하며, 주문 발주 확인 및 일괄 배송처리가 가능합니다.

레이아웃(Layout, 배치)이란 방문자에게 읽기 편하고 빠르게 정보를 전달하고자 글의 내용과 사진을 제한된 공간 안에서 적절하게 배치하는 작업을 말합니다.

이러한 레이아웃은 내용이 쉽고 정확하게 전달될 수 있도록 구성하는 것이 좋습니다. 고객의 시선을 집중시킬 수 있도록 만드는 주목성, 중요한 것과 중요하지 않은 것을 한 눈에 알아볼 수 있도록 만드는 가독성, 시각적으로 안정감, 흥미를 느끼게 하는 조형성, 다른 사이트들과는 차별화시키고 단조롭지 않게 만드는 창조성, 그리고 오래 기억에 남을 수 있게 만드는 기억성을 고려하여 만드는 것이 좋습니다.

레이아웃을 어떻게 설정하느냐에 따라 관리자가 수정하기 편리하게 결정되고, 또한 구매자가 쇼핑하기 편리하게 할 뿐 아니라, 세련된 레이아웃을 고려하여야 온라인 창업을 성공시키는데 중요한 열쇠가 되기 때문입니다.

그럼 쇼핑몰 레이아웃이란 무엇일까요?

쇼핑몰의 구조는 가장 보기 편하게 상단, 좌측, 본문, 우측, 하단. 이렇게 크게 구성해볼 수 있는데, 어떤 구조는 상단, 본문, 하단으로 이루어져 있기도 하고(블로그 스타일) 어떤 구조는 상단, 좌측, 본문, 하단(기본 쇼핑몰 스타일)으로도 이루어져 있습니다.

기본형 레이아웃

▲ 기본형 레이아웃의 예 (https://ecudemo43646.cafe24.com/)

블로그형 레이아웃

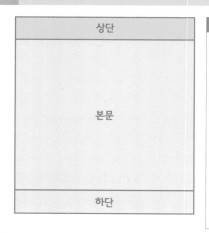

▲ 블로그형 레이아웃의 예 (https://ecudemo59696.cafe24.com/)

여기서 본문은 변동되는 페이지를 말합니다. 일반적으로 대부분 사이트의 회원가입과 로그인 화면을 보면 상단, 하단의 레이아웃은 항상 같으나 본문 내용은 다르고 있습니다. 아래 이미지를 보면 레이아웃인 상단과 하단은 같으나 본문 내용은 변경되는 것을 볼 수 있습니다.

고정

03 홈페이지 + 쇼핑몰형 다중 레이아웃

쇼핑몰의 경우 화면의 레이아웃은 거의 하나이거나 둘이지만, 홈페이지는 왼쪽 메뉴 등이 변경되기 때문에 메뉴마다 레이아웃을 만들어야 하는 경우도 있습니다.

↖ 회사 소개

↖ 제품 소개

↑ 메인 화면

아래 그림은 상단에서 'Venezia homme'를 클릭했을 때 중앙 본문에 그에 해당하는 화면이 나타나고 있습니다. 만일 'Product'를 클릭하면 중앙 본문도 그에 맞게 상품 소개에 관련된 화면이 나타납니다. 그래서, 레이아웃이 많아질 경우 제작 시간은 더 길어질 수 있습니다. 또한 제작 완료 후 수정할 때 시간이 많이 소요될 수도 있습니다. 이런 형식은 레이아웃이 한 개인 경우 메뉴 한 개만 변경하면 서브까지 자동으로 모두 적용이 되지만, 레이아웃이 여러 개인 경우 여러 개 모두를 수정해주어야 합니다.

그래서 쇼핑몰 운영이 미숙하거나 수정이 쉬운 제작을 원하시는 분들에게는 한 개의 레이아웃을 사용하는 형식이 안성맞춤입니다.

▲ 홈페이지 + 쇼핑몰형 레이아웃의 예 (https://ecudemo46681.cafe24.com/)

01 HTML 실행 방법

HTML은 홈페이지 혹은 쇼핑몰을 만들기 위한 기본적인 웹 프로그램 언어입니다. Hyper Text Markup Language의 약자이며 〈html〉〈/html〉과 같이 뾰족한 괄호 형태로 이루어져 있습니다. HTML의 실행 방법은 메모장에 HTML 언어를 작성한 다음, *.htm 혹은 *.html로 저장하고 인터넷 브라우저를 실행 후 [파일]-[열기]로 해서 불러오면 됩니다. '*'는 와일드 카드라고 하며 임의의 모든 문자를 의미합니다.

[시작]-[실행]에서 메모장을 검색하여 메모장을 실행한 다음, HTML 태그를 작성합니다.

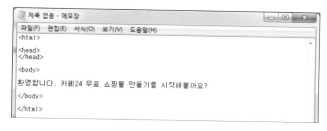

작성이 끝났으면 [파일]-[저장하기]를 클릭합니다.

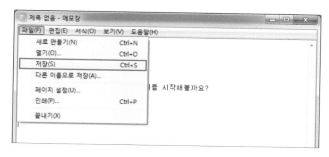

파일명은 test.html이라고 하고, 저장 위치는 바탕화면으로 하기로 합니다.

인터넷 브라우저를 실행합니다. 인터넷 브라우저는 익스플로러 혹은 크롬, 네이버 웨일, 사파리 아무 것이나 상관없습니다. [파일]−[열기]를 누릅니다.

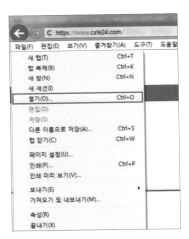

바탕화면에 저장했던 test.html 파일을 찾아 선택한 후 [확인]을 클릭하면 결과물이 브라우저 화면에 나타납니다.

02 기본 태그

html 문서는 〈html〉 태그로 시작하여 〈/html〉 태그로 종료합니다.

아래 예처럼 전체 내용은 크게 헤더와 바디의 두 부분으로 구성되며 헤더는 〈head〉와 〈/head〉 태그를 사용하고 바디는 〈body〉와 〈/body〉 태그를 사용합니다.

```
<html>                                 ---------- html 시작
  <head>
    <title> 쇼핑몰 만들기 </title>      ┐
  </head>                              ├------- 헤더
                                       ┘
  <body>                               ┐
    html 쇼핑몰 만들기                  ├------- 바디
  </body>                              ┘
</html>                                ---------- html 종료
```

◆ 타이틀 태그

```
<html>
<head>
<title>쇼핑몰 만들기</title>
</head>
<body>
환영합니다. 카페24 무료 쇼핑몰 만들기를 시작해볼까요?
</body>
</html>
```

결과 화면입니다.

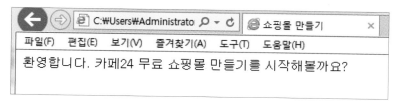

▲ 02-가-기본태그.html

◆ 줄바꾸기 태그

```
<html>
<head>
<title>쇼핑몰 만들기</title>
</head>
<body>
환영합니다. <br>카페24 무료 쇼핑몰 만들기를 시작해볼까요?
</body>
</html>
```

결과 화면입니다.

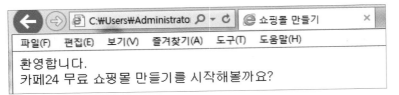

▲ 02-나-줄바꾸기태그.html

◆ 제목 태그

```
<html>
<head>
<title>쇼핑몰 만들기</title>
</head>
<body>
<h1>1단계</h1>
<h2>2단계</h2>
<h3>3단계</h3>
<h4>4단계</h4>
<h5>5단계</h5>
<h6>6단계</h6>
</body>
</html>
```

결과 화면입니다.

▲ 02-다-제목태그.html

◆ 문단 태그

```
<html>
<head>
<title>쇼핑몰 만들기</title>
</head>
<body>
문단을 나눕니다. 문단을 나눕니다.
<p>문단을 나눕니다.</p>
<p>문단을 나눕니다.</p>
</body>
</html>
```

결과 화면입니다.

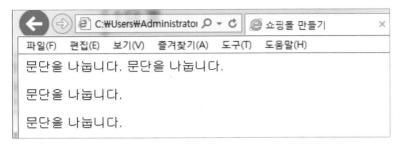

▲ 02-라-문단태그.html

◆ 문자 태그

```html
<html>
<head>
<title>쇼핑몰 만들기</title>
</head>
<body>
<b>굵게 표시됩니다.</b><br>
<i>기울임꼴로 표시됩니다.</i><br>
<strong>강하게 강조합니다.</strong><br>
<em>약하게 강조합니다.</em><br>
<ins>밑줄이 표시됩니다.</ins><br>
<del>취소선이 표시됩니다.</del><br>
이 밑에 가로줄이 있습니다.<br>
<hr/>
이 위에 가로줄이 있습니다.<br>
</body>
</html>
```

결과 화면입니다.

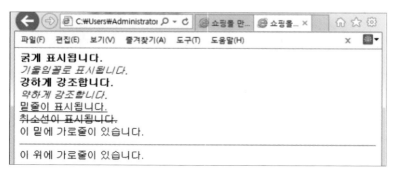

▲ 02-마-문자태그.html

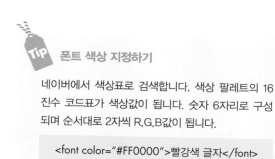

Tip 폰트 색상 지정하기

네이버에서 색상표로 검색합니다. 색상 팔레트의 16
진수 코드표가 색상값이 됩니다. 숫자 6자리로 구성
되며 순서대로 2자씩 R,G,B값이 됩니다.

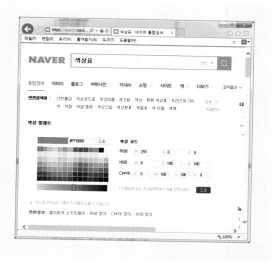

```
<font color="#FF0000">빨강색 글자</font>
```

◆ 주석 태그

화면에는 보이지 않습니다. 개발자가 알아보기 쉽게 표현하거나, 소스를 잠시 감출 때 유용합니다. 주석 태그를 삭제하면 다시 나타나게 할 수 있습니다. 〈!-- --〉

```html
<table border=1>
   <tr>
      <th> </th>
      <th>월</th>
      <th>수</th>
      <th>금</th>
   </tr>
<tr>
      <th>1교시</th>
      <td rowspan="2">국어</td>
      <td>수학</td>
      <td>영어</td>
   </tr>
<!-- 주석처리하여 보이지 않습니다.
<tr>
      <th>2교시</th>
      <td>과학</td>
      <td>사회</td>
   </tr>-->
</table>
```

결과 화면입니다.

▲ 02-마-주석태그.html

◆ 표 관련 태그

⟨table⟩ : 테이블을 만드는 태그입니다.

⟨tr⟩ : 행을 시작합니다.

⟨td⟩ : 표의 내용, 셀을 표현합니다.

⟨th⟩ : 테이블의 행, 열의 머리말을 나타냅니다. 기본적으로 가운데로 정렬되고, 굵은 글씨로 표
시됩니다.

```html
<table border=1>
  <tr>
    <th>A</th>
    <th>B</th>
    <th>C</th>
  </tr>
  <tr>
    <td>A1</td>
    <td>B1</td>
    <td>C1</td>
  </tr>
</table>
```

결과 화면입니다.

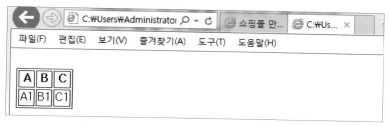

▲ 03-가-표태그.html

◆ 표의 행 합치기, 열 합치기 rowspan, colspan

```html
<table border=1>
  <tr>
    <th> </th>
    <th>월</th>
    <th>수</th>
    <th>금</th>
  </tr>
  <tr>
    <th>1교시</th>
    <td rowspan="2">국어</td>
    <td>수학</td>
    <td>영어</td>
  </tr>
  <tr>
    <th>2교시</th>
    <td>과학</td>
    <td>사회</td>
  </tr>
</table>
```

결과 화면입니다.

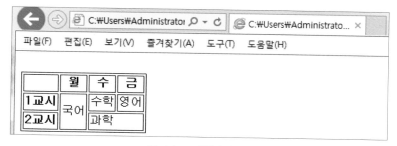

▲ 03-나-표의행열태그.html

◆ 순서 없는 목록 〈ul〉, 각 항목 〈li〉

```
<ul>
    <li>첫번째 항목입니다.</li>
    <li>두번째 항목입니다.</li>
</ul>
```

결과 화면입니다.

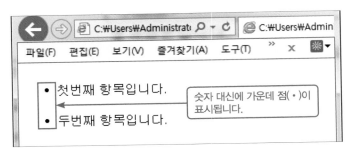

◀ 04-가-순서없는목록태그.html

◆ 순서 있는 목록 〈ol〉

```
<ol>
    <li>첫번째 항목입니다.</li>
    <li>두번째 항목입니다.</li>
</ol>
```

결과 화면입니다.

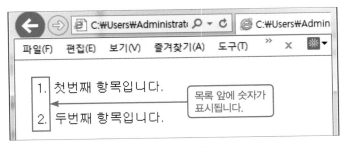

▲ 04-나-순서있는목록태그.html

05 링크, 이미지 관련 태그

◆ 링크 〈a〉

하이퍼링크를 생성하는 태그로, 클릭하면 해당 주소로 이동됩니다.

```
<a href="http://echosting.cafe24.com">카페24 무료쇼핑몰 만들기</a>
```

결과 화면입니다.

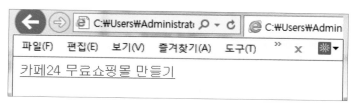

▲ 05-가-링크태그.html

◆ 이미지 〈img〉

페이지에 이미지를 추가하는 태그입니다.

src : 이미지 파일의 경로를 지정합니다.

alt : 이미지를 볼 수 없는 경우에 이미지에 대한 설명을 제공합니다.

title : 이미지에 대한 추가 정보를 제공합니다.

height, width : 이미지의 세로, 가로폭을 지정합니다.

```
<img src="https://img.cafe24.com/img/ec/common/h1_logo.png"
width="238px" height="26px" alt="카페24디자인센터" title="카페24디자인센터">
```

결과 화면입니다.

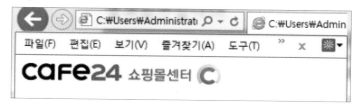

◀ 05-나-이미지태그.html

〈iframe〉: 페이지 안에서 또 페이지를 볼 수 있습니다. 예를 들면 구글 지도나 동영상 삽입 등이 있습니다.

```
<iframe width="560" height="315" src="https://www.youtube.com/embed/Y-
LoX5_rPYQ" frameborder="0" allowfullscreen></iframe>
```

결과 화면입니다.

▲ 06-가-프레임태그.html

◆ 태그 선택자

css 속성과 값을 바로 정의하는 방식으로 태그 안에 별도 소스 삽입 부분이 없이 자동으로 적용됩니다. 문서에 정의한 태그를 입력하면 모두 같은 형태로 css가 적용됩니다.

```html
<html>
<head>
<title>css의 태그선택자</title>
<style type="text/css">
h2{
font-size:14px;
color:#ff0000;
}
body{
font-family:"굴림";
font-size:14px;
color:#00ff00;
}
</style>
</head>
<body>
<h2>카페24  무료쇼핑몰 만들기</h2>
카페24  쇼핑몰 레이아웃디자인하기<br>
카페24  쇼핑몰 디자인관리하기<br>
</body>
</html>
```

결과 화면입니다.

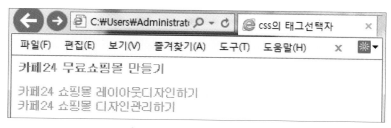

▲ 07-가-css태그선택자.html

◆ 클래스 선택자

사용자정의 선택자라고도 하며 태그 안에 'class=클래스 이름'과 같이 직접 소스를 삽입합니다.

```
<html>
<head>
<title>css의 클래스선택자</title>
<style type="text/css">
.bbb{font-family:"맑은 고딕";color:#ff0000;}
</style>
</head>
<body>
<p class="bbb">카페24 쇼핑몰 레이아웃디자인하기<br>
카페24 쇼핑몰 디자인관리하기</p>
</body>
</html>
```

결과 화면입니다.

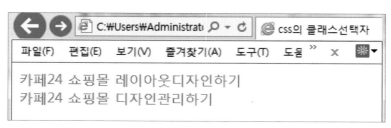

▲ 07-나-css클래스선택자.html

◆ 아이디 선택자

'#아이디 이름' 형태로 정의하며 적용할 때에는 태그 안에 'id=아이디 이름'과 같이 직접 소스를 삽입합니다.

```
<html>
<head>
<title>css의 아이디선택자</title>
<style type="text/css">
#bbb{font-family:"맑은 고딕";color:#0000ff;}
</style>
</head>
```

```
<body>
<div id="bbb">카페24 쇼핑몰 레이아웃디자인하기<br>
카페24 쇼핑몰 디자인관리하기</div>
</body>
</html>
```

결과 화면입니다.

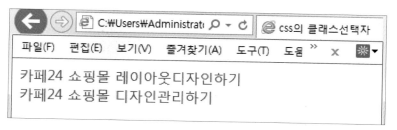

▲ 07-다-css아이디선택자.html

◆ 가상 선택자

```
<html>
<head>
<title>가상선택자</title>
<style type="text/css">
.a{ width:500px; }
.a td{border-bottom:1px #f00 solid;}
</style>
</head>
<body>
<table class="a">
<tr><td>1</td><td>2</td><td>3</td></tr>
<tr><td>4</td><td>5</td><td>6</td></tr>
<tr><td>7</td><td>8</td><td>9</td></tr>
</table>
</body>
</html>
```

결과 화면입니다.

▲ 07-라-css가상선택자.html

◆ 롤오버

```html
<html>
<head>
<title>롤오버</title>
<style type="text/css">
.a{ width:500px; }
.a td{border-bottom:1px #f00 solid;}
.a tr:hover{background-color:#00ff00;}
</style>
</head>
<body>
<table class="a">
<tr><td>1</td><td>2</td><td>3</td></tr>
<tr><td>4</td><td>5</td><td>6</td></tr>
<tr><td>7</td><td>8</td><td>9</td></tr>
</table>
</body>
</html>
```

결과 화면입니다.

마우스를 가져가면
색이 변합니다.

▲ 07-마-롤오버태그.html

◆ 하이퍼링크

```html
<html>
<head>
<title>하이퍼링크</title>
<style type="text/css">
.cc{ width:500px; }
.cc td{border-bottom:1px #f00 solid;}
.cc a { color:ff0000; }
.cc a:hover { color:#0000ff; background-color:#00ff00;}
</style>
</head>
<body>
<table class="cc">
<tr><td><a href="/">1</a></td><td>2</td><td>3</td></tr>
<tr><td>4</td><td>5</td><td>6</td></tr>
<tr><td>7</td><td>8</td><td>9</td></tr>
</table>
</body>
</html>
```

결과 화면입니다.

1	2	3
4	5	6
7	8	9

▲ 07-바-하이퍼링크태그.html

08 CSS로 레이아웃 만들기(영역 나누기)

CSS로 레이아웃 만들기에 대해 알아보겠습니다. 로고와 상단메뉴 등이 위치하는 상단영역을 포함하는 본문영역, 사업장정보 등이 포함되어 있는 하단영역을 CSS를 이용하여 코딩하는 방식입니다.

◆ 상단, 본문, 하단의 레이아웃

상단에 로고 및 상단메뉴 등이 포함되어 있고 본문은 가로까지 확장하여 넓게 보는 블로그형 레이아웃 구조입니다. 화면구조가 단순해보여 심플한 느낌을 주어 많이 사용되고 있습니다. 단, 메뉴가 상단에 배치하기 때문에 배치할 수 있는 메뉴 수가 한정되어 있는 단점이 있습니다.

```html
<html>
<head>
<title>상단, 본문, 하단의 레이아웃</title>
<style type="text/css">
#header {width:100%; height:20%; background:#ff0000;}
#content {width:100%; height:60%; background:#00ff00;}
#footer {width:100%; height:20%; background:#0000ff;}
body {margin:0px 0px 0px 0px;}
</style>
</head>
<body>
<div id="header">상단</div>
<div id="content">본문</div>
<div id="footer">하단</div>
</body>
</html>
```

결과 화면입니다.

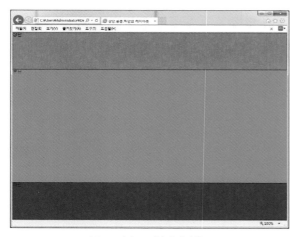

▲ 08-css블로그형레이아웃.html

◆ 상단, 왼쪽 메뉴, 본문, 하단의 레이아웃

기본적으로 많이 사용하는 레이아웃 구조입니다. 로고가 포함되어 있는 상단메뉴 영역, 메뉴 및 기획배너 등을 포함시키고 왼쪽에 배치해있어 메뉴가 계속 늘어날 수 있는 확장성이 있는 장점이 있습니다.

```html
<html>
<head>
<title>상단, 메뉴, 본문, 하단의 레이아웃</title>
<style type="text/css">
#header {width:100%; height:20%; background:#ff0000;}
#left {float:left;width:20%; height:60%; background:#999999;}
#content {width:100%; height:60%; background:#00ff00;}
#footer {width:100%; height:20%; background:#0000ff;}
body {margin:0px 0px 0px 0px;}
</style>
</head>
<body>
<div id="header">상단</div>
<div id="left">왼쪽메뉴</div>
<div id="content">본문</div>
<div id="footer">하단</div>
</body>
</html>
```

결과 화면입니다.

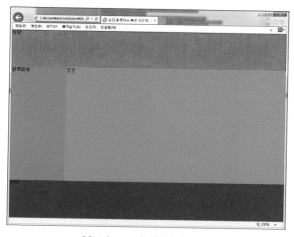

▲ 08-나-css기본형레이아웃.html

◆ 상단, 오른쪽 메뉴, 본문, 하단의 레이아웃

메뉴를 오른쪽에 배치하는 레이아웃 구조입니다. 기본 레이아웃과 마찬가지로 오른쪽에 메뉴를
무한 확장할 수 있는 장점이 있습니다.

```html
<html>
<head>
<title>상단, 메뉴, 본문, 하단의 레이아웃</title>
<style type="text/css">
#header {width:100%; height:20%; background:#ff0000;}
#right {float:right;width:20%; height:60%; background:#999999;}
#content {width:100%; height:60%; background:#00ff00;}
#footer {width:100%; height:20%; background:#0000ff;}
body {margin:0px 0px 0px 0px;}
</style>
</head>
<body>
<div id="header">상단</div>
<div id="right">메뉴</div>
<div id="content">본문</div>
<div id="footer">하단</div>
</body>
</html>
```

결과 화면입니다.

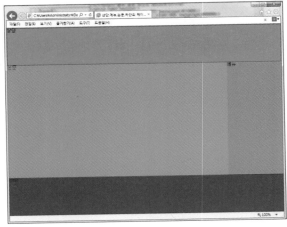

▲ 08-다-css오른쪽메뉴형레이아웃.html

◆ 상단, 왼쪽 메뉴, 본문, 오른쪽 메뉴, 하단 레이아웃

예전에 많이 쓰였던 3단 구조 레이아웃입니다. 왼쪽 메뉴에는 메뉴를 배치하고, 오른쪽 메뉴에는 기획전 및 게시판(공지사항, 상품 Q&A)의 최근글 등을 배치하기도 합니다.

```html
<html>
<head>
<title>상단, 왼쪽메뉴, 본문, 오른쪽메뉴, 하단의 레이아웃</title>
<style type="text/css">
#header {width:100%; height:20%; background:#ff0000;}
#left {float:left;width:20%; height:60%; background:#ff00ff;}
#content {float:left;width:60%; height:60%; background:#00ff00;}
#right {float:left;width:20%; height:60%; background:#999999;}
#footer {clear:both;width:100%; height:20%; background:#0000ff;}
body {margin:0px 0px 0px 0px;}
</style>
</head>
<body>
<div id="header">상단</div>
<div id="left">메뉴</div>
<div id="content">본문</div>
<div id="right">메뉴</div>
<div id="footer">하단</div>
</body>
</html>
</html>
```

결과 화면입니다.

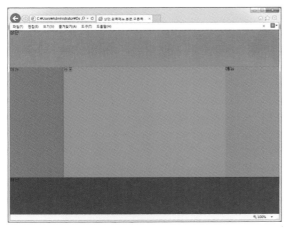

◀ 08-라-css3단구조레이아웃.html

⟨mark⟩ : 음영 처리(노란색)　　　　　⟨blockquote⟩ : 들여쓰기

⟨metar⟩ : 게이지 표시　　　　　　　　⟨abbr⟩ : 메모 표시

⟨address⟩ : 이탤릭체　　　　　　　　⟨ruby⟩⟨rt⟩ : ruby에 rt를 위로 얹히기

크롬 브라우저에서 호환됩니다.

```
<html>
<head>
<title>HTML5</title>
</head>
<body>
<abbr title="웹표준 언어입니다">html5</abbr>
<address>카페24  무료쇼핑몰 만들기</address>쉽게 만들 수 있는 무료쇼핑몰
<meter value="0.9">90%</metar></blockquote></blockquote>
<ruby>가입하기<rt>echosting.cafe24.com</rt></ruby>
</body>
</html>
```

결과 화면입니다.

▲ 09-html5.html

10 자바스크립트. alert 경고창

```html
<html>
<head>
<title>자바스크립트 alert</title>
<script type="text/javascript">
alert("해당상품은 준비중입니다. 000-0000으로 전화주세요.");
</script>
</head>
<body>
<a href="javascript:alert('해당상품은 준비중!')">바로구매하기</a>
<input type="button" value="버튼" onclick="alert('전화문의 000-0000')">
</body>
</html>
```

결과 화면입니다.

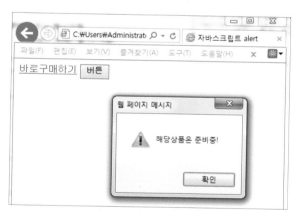

▲ 10-자바스크립트.html

11 HTML5&CSS 표 만들기

```html
<html>
<head>
<title>HTML5&CSS</title>
<style type="text/css">
body{ font:12px "맑은 고딕", 돋움; }
table,td,th{
```

```
border:1px #000 solid;
border-collapse: collapse;
padding:10px 30px;
border-radius: 10px;
}
table th{
background: #c5c5c5;
}
table td:First-child{
background: #999;
}
table tr:last-child td{
background: #000;
color: #fff;
}
</style>
</head>
<body>
<table>
<tr>
<th>시간표</th>
<th>월요일</th>
<th>화요일</th>
<th>수요일</th>
<th>목요일</th>
</tr>
<tr>
<td>1교시</td>
<td>국어</td>
<td>체육</td>
<td>영어</td>
<td>국어</td>
</tr>
<tr>
<td>2교시</td>
<td>영어</td>
<td>기술</td>
<td>과학</td>
<td>수학</td>
</tr>
<tr>
```

```
<td>3교시</td>
<td>수학</td>
<td>음악</td>
<td>국어</td>
<td>음악</td>
</tr>
<tr>
<td>4교시</td>
<td>과학</td>
<td>사회</td>
<td>체육</td>
<td>영어</td>
</tr>
<tr>
<td colspan="5">점심시간</td>
</tr>
</table>
</body>
</html>
```

결과 화면입니다.

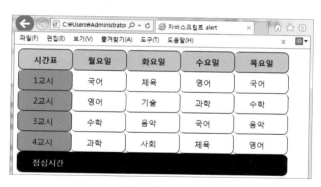

▲ 11-html5css표.html

```
<html>
<head>
<title>HTML5&CSS</title>
<style type="text/css">
ul{
list-style-type: none;
}
li{
float:left;;
margin: 10px;
padding:10px;
background:#00ff00;
}
.top a:link{ text-decoration: none; color:#555;}
.top a:hover{ text-decoration: underline; color:#f55;}
.top a:visited{ text-decoration: none; color:#0f0;}
.top a:active{ text-decoration: none; color:#000;}
</style>
</head>
<body>
<nav class="top">
<ul>
<li> <a href="#">home</a>
<li> <a href="#">previous page</a>
<li> <a href="#">next page</a>
</ul>
</nav>
</body>
</html>
```

결과 화면입니다.

▲ 12-html5css메뉴.html

background−repeat: no−repeat; 이미지 하나만 들어갑니다.

background−repeat: repeat−x; 이미지 x축으로 다 들어갑니다.

background−repeat: repeat−y; 이미지 y축으로 다 들어갑니다.

background−attachment:scroll; 배경이미지가 스크롤을 따라 움직입니다.

background−attachment:fixed; 배경이미지가 고정됩니다.

background−position:bottom; fixed랑 같이 쓸 때, 이미지가 밑으로 확대됩니다.

background−size: 500px 400px; 배경 사이즈를 조정해줍니다.

```
<html>
<head>
<title>HTML5&CSS</title>
<style type="text/css">
body{
font-family: "맑은 고딕";
background-image: url("https://img.cafe24.com/img/ec/common/h1_logo.
png");
background-size: 200px;
background-attachment:fixed;
background-position:bottom;
}
</style>
</head>
<body>

</body>
</html>
```

결과 화면입니다.

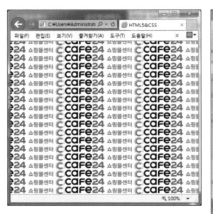
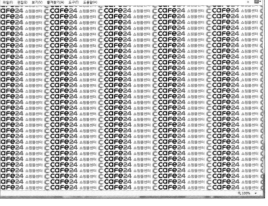

▲ 13-html5css배경.html

14 구글폰트 사용 방법

https://fonts.google.com/에 접속하고 마음에 드는 폰트를 선택합니다.

원하시는 형태 글자의 굵기 정도를 우
측 끝에서 ⊕를 눌러 선택하세요. ⊖를
클릭하면 해제할 수 있습니다.

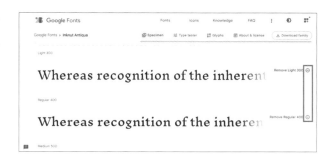

우측 상단에 창 모양 아이콘을 누르면 홈페이지에 삽입할 수 있는 소스코드가 나옵니다. 📋 를 클릭하면 쉽게 코드를 복사할 수 있습니다.

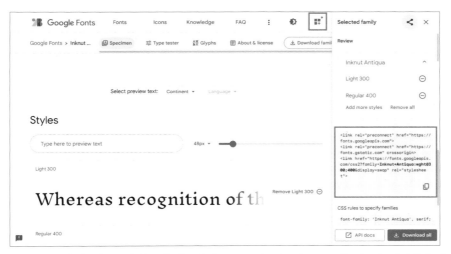

```html
<html>
<head>
<title>HTML5&CSS</title>
<link href="https://fonts.googleapis.com/css?family=Inknut+Antiqua"rel=
"stylesheet">
</head>
<body>
<div style="font-family: 'Inknut Antiqua', serif;">silhouetted the jag-
ged edge of a wing.</div>
</body>
</html>
```

결과 화면입니다.

▲ 14—구글폰트호출방법.html

카페24 스마트 디자인 Easy가 출시됨에 따라 스마트 디자인 편집창은
스마트 디자인 Easy 편집창과 카페24 스마트 디자인 편집창으로
크게 분류할 수 있습니다.

그 중에서 스마트 디자인 Easy는
HTML을 몰라도 드래그앤드롭 방식을 이용하여
빠르고 쉽게 쇼핑몰을 디자인할 수 있어 초보자에게 적합합니다.
PART 2에서는 각각의 특징과 장단점에 대해 살펴봅니다.

PART
02

스마트 디자인 Easy와
스마트 디자인의 차이점

chapter 01 | 카페24 스마트 디자인 Easy

01 카페24 스마트 디자인 Easy 추가하기

카페24 스마트 디자인 Easy는 HTML 사용의 어려움없이 단순하게 사이트를 편집하고 꾸밀 수 있어서 초보 운영자에게 추천하는 디자인으로 현재 오우이, 아키테이블, 커먼셀렉트, 애쉬프레임, 캠퍼타운 템플릿을 무료로 제공하고 있습니다. 추가 방법은 관리자 모드 접속 후 [디자인(PC/모바일)] > [디자인 보관함] > [기본 디자인 추가]에서 할 수 있습니다. 카페24 스마트 디자인 Easy형은 디자인명 아래에 Easy라는 아이콘이 표시되어 있습니다.

스마트 디자인 Easy에는 현재 5가지의 디자인 탬플릿(아키테이블, 애쉬프레임, 오우이, 캠퍼타운, 커먼셀렉트)이 무료 제공되며, 이중 마음에 드는 탬플릿을 이용하여 쇼핑몰을 구축할 수 있습니다. 참고로 베이직은 Easy는 아니고 기존에 있던 기본 베이직 디자인에 해당합니다.

또한 반응형 모드로 별도 모바일을 구축할 필요가 없습니다.
반응형 모드를 사용할 때에는 디자인 [설정]을 클릭한 다음, [사이트 설정] > [쇼핑몰 환경 설정]을 클릭한 후, [모바일] 탭에서 모바일 전용 디자인 사용설정을 '사용안함'으로 체크해주시기 바랍니다.

02 카페24 스마트 디자인 Easy 편집창의 구성

카페24 스마트 디자인 Easy는 여러 섹션으로 구성되어 있습니다. 이 섹션들을 편집하려면 먼저 쇼핑몰 관리자에 로그인한 후 [디자인(PC/모바일)] > [디자인 보관함] 메뉴로 접속합니다. 이어서 Easy 아이콘이 표시된 디자인명 아키테이블 옆에 있는 [편집]을 클릭합니다.

스마트 디자인 Easy 편집창을 통하면 디자인을 간편하게 편집하고, 메뉴 및 상품 전시를 사용자가 직접 편집하고 지정할 수 있습니다.

스마트 디자인 Easy 편집창에서는 메인 페이지, 상품 분류, 상품 상세, 회원가입, 로그인, 장바구니, 마이 페이지의 총 7페이지를 수정할 수 있습니다. 기타 페이지는 컨트롤패널 아래의 [〈/〉 HTML 수정] 메뉴를 통해 스마트 디자인 편집창에서 수정이 가능합니다.

아래는 스마트 디자인 Easy 편집창 초기 화면입니다.

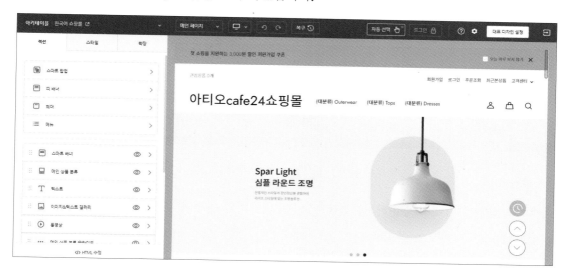

◆ 상단 메뉴 영역

(1) 디자인 라이브러리

좌측 최상단에 위치한 메뉴로 드롭다운 메뉴를 클릭하면 나타나며, [디자인 라이브러리]를 클릭하면 [디자인 보관함]에 현재 설정되어 있는 구성들을 한 눈에 볼 수 있습니다. Easy 아이콘이 표시된 디자인의 [편집]을 클릭하면 창 변환없이 한 번에 이동할 수 있습니다. Easy 아이콘이 붙어있지 않은 디자인의 [편집]을 클릭하면 '스마트 디자인 스킨은 지원하

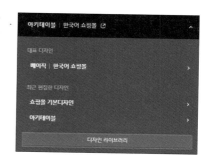

지 않습니다. 스마트 디자인 편집창으로 이동하시겠어요?' 라는 메시지가 나타납니다. [확인] 버튼을 클릭하면 새로운 창이 열리며 편집을 이어갈 수 있습니다.

현재 편집중인 스마트 디자인 Easy는 [편집] 버튼이 없으며, Easy 아이콘이 표시된 쇼핑몰 기본 디자인의 [편집]을 클릭하면 창 변환없이 이동됩니다.

(2) 페이지 이동

드롭다운 메뉴를 클릭하면 편집하고자 하는 페이지로 바로 이동할 수 있습니다.

❶ **메인 페이지** : 쇼핑몰의 얼굴이 되는 메인 페이지입니다. 배너, 이미지 등이 포함된 섹션과 다양한 레이아웃의 상품 섹션을 설정할 수 있습니다.

❷ **상품 분류** : 상품 분류(카테고리)의 상품 목록을 볼 수 있는 페이지입니다. 기본 상품 목록을 포함하여 카테고리별 추천 상품, 신상품 목록을 설정할 수 있습니다. 관리자 모드에서 [상품] > [상품진열] > [분류별 진열]에서도 설정할 수 있습니다.

❸ **상품 상세** : 상단에 표시되는 상품정보 및 하단에 표시되는 이용안내, 관련 상품 등을 설정할 수 있습니다.

❹ **회원가입** : 고객이 회원 가입할 때 사용하는 페이지입니다.

❺ **로그인** : 고객이 로그인할 때 사용하는 페이지입니다. SNS 로그인 항목을 관리하고 노출 여부를 설정할 수 있습니다.

❻ **장바구니** : 장바구니에 담긴 상품 목록을 확인할 수 있는 페이지입니다.

❼ **마이페이지** : 고객의 쇼핑 정보, 활동 정보, 회원 정보를 확인할 수 있는 페이지입니다.

총 3개의 보기 모드를 제공합니다. PC 모드는 PC 환경에서 접속했을 때의 쇼
핑몰 화면입니다. Mobile 모드는 Mobile 환경에서 접속했을 때의 쇼핑몰 화
면입니다. 전체 보기 모드는 컨트롤 패널을 숨기고 가로 100%의 넓은 화면에
서 보기를 보여줍니다. 전체 보기 모드에서 섹션을 선택하면 자동으로 PC화
면 모드로 전환됩니다.

▲ PC 모드

▲ 모바일 모드

▲ 전체 보기 모드

(4) 되돌리기/다시 실행하기

편집한 내용을 되돌리거나 다시 실행할 수 있습니다. 이 기능은 '디자인 저장' 전 까지 할 수 있습니다.

(5) 복구

컨트롤 패널 아래의 [HTML 수정] 버튼을 클릭하면 스마트 디자인으로 이동하기 전 디자인이 자동으로 백업되며, 백업되는 시간이 함께 기록됩니다. 만약, HTML 수정 후 오류가 발행했다면 복구 메뉴를 통해 오류 발생 전 시점으로 복구할 수 있습니다.

단, 디자인을 복구하면 되돌릴 수 없으니 주의 바랍니다. 디자인 복구가 성공하면 복구를 완료하기 위해 3초 후 편집 툴이 자동으로 다시 시작됩니다.

(6) 자동 선택

자동 선택을 활성화할 경우 프리뷰(미리보기) 화면에서 섹션 영역 단위로 선택할 수 있습니다. 자동 선택을 비활성화한 상태에서는 쇼핑몰을 탐색만 할 수 있습니다. 자동 선택을 활성화했을 때에는 파란 점이 나타납니다.

 파란 점이 나타납니다.

▲ 자동 선택 활성화한 경우

▲ 자동 선택 비활성화한 경우

(7) 로그인 전/후

쇼핑몰 페이지의 로그인 전/후 화면을 전환할 수 있습니다. 로그인이 필요한 페이지에서는 자동으로 활성화됩니다. 로그인 페이지에서는 비활성화됩니다.

▲ 로그인 후 화면

활성화 되면 푸른 점이 표시됩니다.

▲ 로그인 전 화면

(8) 도움말

도움말 메뉴가 나타나 스마트 디자인 Easy 편집창을 사용하는 방법에 대해 알아볼 수 있습니다. 우측의 ×버튼을 누르면 도움말 메뉴가 사라집니다.

(9) 설정(내 쇼핑몰 이름 및 파비콘)

쇼핑몰의 이름 및 파비콘을 설정할 수 있습니다. 쇼핑몰의 이름은 소셜 미디어에 공유할 때 보여집니다. 파비콘은 브라우저 탭에 보여지는 작은 아이콘을 말합니다.

> **위치** [쇼핑몰 설정] > [기본설정] > [검색엔진 최적화] > [파비콘]

스마트 디자인 편집 Easy가 아닌 스마트 디자인 편집을 이용하는 경우 에디봇 배너를 사용하여 파비콘을 만든 후 등록합니다.

TIP 파비콘 만들기

① 스마트 디자인 Easy 편집창 우측 최상단에 있는 톱니 모양의 [설정] 버튼을 클릭한 후 [간편하게 파비콘 만들기] 버튼을 클릭합니다.

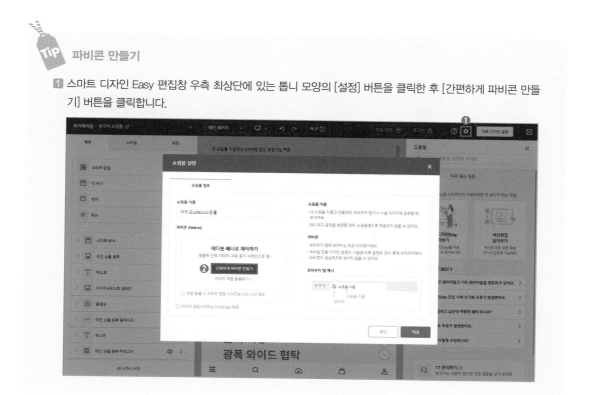

2 다음과 같은 에디봇 배너 화면이 나타납니다.

3 좌측에 [스티커] 탭을 클릭한 후 [그래픽] 탭을 클릭하고 별 모양을 선택합니다.

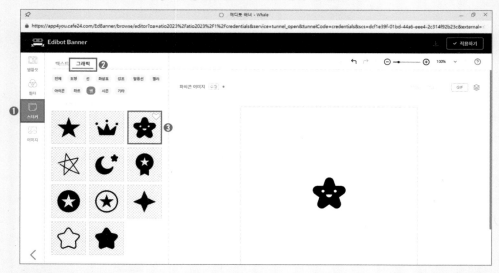

☑ 우측 작업창에 나타난 별을 선택하면 좌측이 편집 모드로 변경됩니다. 크기 변경의 조절점을 드래그하여 적절하게 화면 가득하게 크기를 키웁니다.

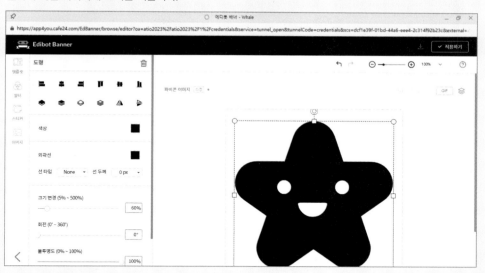

⑤ 색상 옆에 컬러 피커를 클릭하여 원하는 색상을 선택한 다음, 우측 최상단의 [적용하기] 버튼을 클릭합니다.

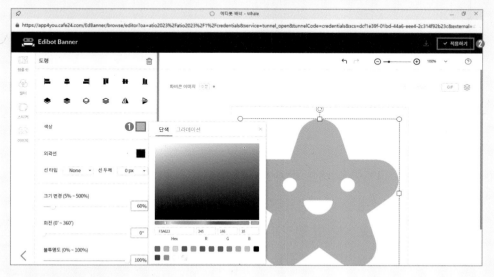

6 파비콘에 저장된 내용이 나타납니다. 최종으로 [적용] 버튼을 눌러 완료합니다.

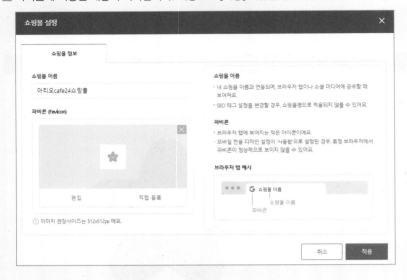

7 브라우저에서 확인합니다.

(10) 대표 디자인 설정

현재 편집하고 있는 디자인을 대표 디자인으로 설정할
수 있습니다. 방법은 [쇼핑몰 선택]을 클릭하여 [한국어
쇼핑몰]을 선택한 후 [대표 디자인 설정]을 클릭합니다.
멀티 쇼핑몰일 경우 해당 언어의 쇼핑몰을 선택합니다.

◆ 컨트롤 패널

컨트롤 패널에서는 섹션, 스타일, 확장 기능을 제공
합니다. 설정 가능한 항목들이 노출되는 영역입니다.

(1) 스마트 팝업

스마트 디자인 Easy에서는 스마트 팝업으로 간편하게 팝업을 등록할 수 있습니다.

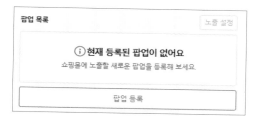

[팝업 등록] 버튼을 클릭하고 이미지를 여러 개 등록할 수 있습니다. 팝업 이미지가 여러 개 등록
되면 자동으로 슬라이딩 됩니다. 에디봇 배너를 이용하면 다양한 템플릿을 활용할 수 있습니다.

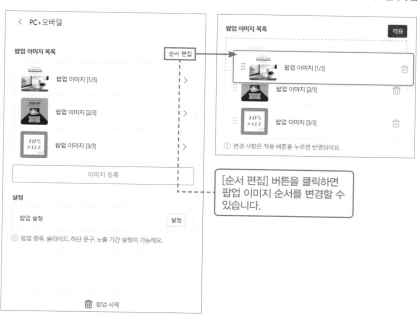

[순서 편집] 버튼을 클릭하면
팝업 이미지 순서를 변경할 수
있습니다.

[노출 설정] 버튼을 클릭하면 겹쳐서 노출할지 겹치지 않게 노출할지 선택할 수 있습니다.

▲ 겹치지 않게 노출의 예

[팝업 설정] 버튼을 클릭하면 팝업 종류, 슬라이드 사용 여부, 하단문구, 노출 기간을 설정할 수 있습니다.

(2) 띠 배너

띠 배너는 쇼핑몰 위쪽에 고정되어 노출되는 배너입니다. 텍스트와 링크 입력으로 간편하게 배너를 만들고 노출할 수 있습니다. 띠 배너는 고정으로 제공되는 섹션이므로, 사용 유무로 설정할 수 있습니다.

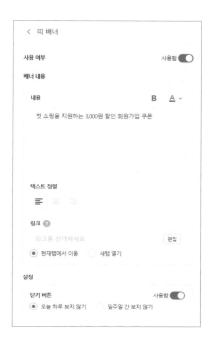

▲ 결과 화면

(3) 헤더

헤더는 1단 기본형, 1단 로고 우측형, 2단 좌측형, 2단 중앙형의 4가지 레이아웃을 제공하고 있습니다. 로고, 메뉴, 언어 선택, 기본 제공 메뉴(회원가입, 로그인, 주문조회, 최근 본 상품, 게시판), 쇼핑 기본정보(관심 상품 수, 좋아요 상품 수)가 나타나는 영역입니다.

○ 레이아웃 : 1단 기본형

○ 레이아웃 : 1단 로고 우측형

○ 레이아웃 : 2단 좌측형

○ 레이아웃 : 2단 중앙형

❶ **로고** : 쇼핑몰 명을 기준으로 자동 생성된 로고 10개를
제공합니다. 이 중 1개를 선택하고 [로고 바로 적용] 버
튼을 클릭하면 적용됩니다.

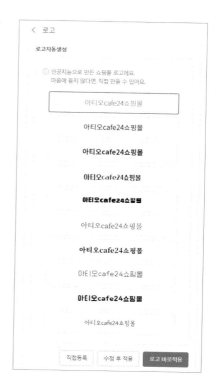

❷ **기본 언어 선택** : 멀티 쇼핑몰의 운영 여부에 따라 언어 선
택 메뉴의 표시를 설정할 수 있습니다.

❸ **기본 제공 메뉴** : 메뉴명을 수정하거나 색상, 굵기를 설정할 수 있습니다. 로그인 전후에 따라
설정 가능한 항목이 달라집니다.

▲ 로그인 전   ▲ 로그인 후

❹ **쇼핑몰 기본정보 노출 설정** : 쇼핑몰 위쪽에 고객의 쇼핑정보와 관련된 항목을 표시합니다. PC 화면 모드에서만 가능합니다.

▲ 로그인 전

▲ 로그인 후

(4) 메뉴

쇼핑몰에 노출되는 메뉴를 편집할 수 있습니다.

❶ **순서 변경** : 메뉴명 앞에 있는 아이콘을 누른 상태에서 드 래그 앤 드롭하면 순서를 변경할 수 있습니다.

❷ **펼침/닫힘** : (하위 메뉴가 있을 시) 메뉴명 옆의 화살표를 클릭 하면 하위 메뉴가 나타납니다. 한 번 더 누르면 닫힙니다.

❸ **편집** : 메뉴명 옆의 연필 모양 아이콘을 클릭하면 메뉴명 및 링크를 수정할 수 있습니다. 예를 들어 메뉴명을 공 지사항이라 쓰고 게시판의 공지사항을 클릭 몇 번으로 연결할 수 있습니다. 상품 분류 외에 게시판, 사용자 맞춤 URL을 연결할 수 있습니다.

❹ **삭제** : 삭제 아이콘을 누르면 선택한 메뉴를 삭제할 수 있습니다.

❺ **하위 메뉴 추가** : 상위 메뉴명을 누르면 [하위 메뉴 추가] 버튼이 나타납니다.

❻ **상품 분류 관리** : 대분류를 추가하기 위해 [상품 분류 관리]를 클릭 후 [대분류 추가] > [상위 메뉴 추가]를 해야 합니다.

◆ 컨트롤 패널 메뉴(섹션)

• 섹션 영역에는 현재 위치한 페이지의 모든 콘텐츠가 목록화되어 있습니다.

• 섹션을 선택하면 해당 설정을 볼 수 있고, 드래그를 통해 섹션 순서를 변경할 수 있습니다.

• [섹션 추가] 버튼을 누르면 추가할 섹션을 선택할 수 있습니다.

• 눈 모양을 클릭하면 해당 섹션을 감출 수 있습니다.

• 각 섹션별 끝의 화살표를 클릭하면 편집할 수 있는 정보가 나타납니다.

• 섹션 삭제는 각 섹션 상세 정보 하단에 있는 [섹션 삭제] 버튼을 클릭하면 삭제됩니다.

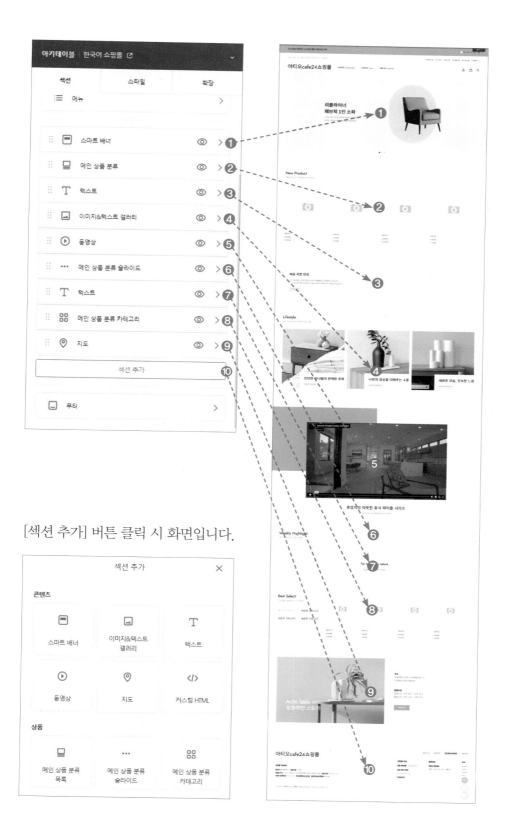

[섹션 추가] 버튼 클릭 시 화면입니다.

◆ 컨트롤 패널 메뉴(스타일)

아키 테이블 디자인 템플릿은 웜, 코지, 센서티브(WARM, COZY, SENSITIVE)의 총 세가지 스타일을 제공합니다. 원하는 테마를 선택하면 자동 반영됩니다.

센서티브 테마를 선택했을 때 결과 화면입니다.

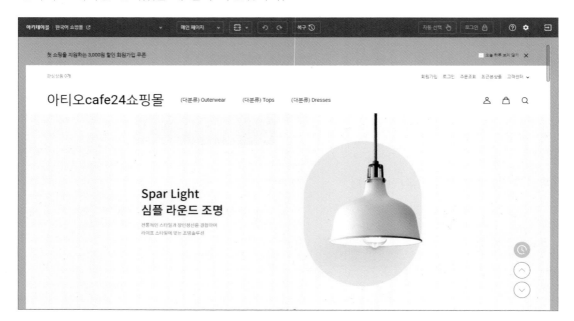

cafe24 smart design

chapter

02 | 카페24 스마트 디자인

01 카페24 스마트 디자인 추가하기

카페24 스마트 디자인은 HTML 활용이 어느정도 가능한 운영자에게 적합한 형태로, 쇼핑몰의 수정을 마음대로 꾸밀 수 있다는 장점이 있습니다. 전문 개발자가 없이도, HTML만 안다면 다양한 쇼핑몰 운영자의 욕구를 그대로 구현해 낼 수 있는 디자인 관리툴입니다. 어느 브라우저에서나 쾌적한 쇼핑 환경을 유지하며, 사이트 경량화를 통해 접속 속도를 높여줍니다. 또 차별화된 고객관리를 위해 다양한 스킨 기능을 탑재하고 있으며, 제약없이 원하는 디자인을 구현할 수 있습니다. 카페24 스마트 디자인은 [디자인(PC/모바일)] > [디자인 보관함] > [기본 디자인 추가]에서 [베이직]을 추가하면 현재 날짜로 카페24의 기능이 업데이트된 최신 소스가 탑재된 쇼핑몰로 새로 시작할 수 있습니다.

 업그레이드

쇼핑몰 생성일자가 오래된 경우 카페24의 최신 기능이 적용되지 않은 경우가 있습니다. 이를 해결하기 위한 업그레이드 방법으로 카페24 쇼핑몰 관리자 모드 홈에서 오른쪽 하단 영역의 카페24 알림에 [업그레이드] 탭의 내용을 보고 수동으로 HTML을 업데이트할 수 있습니다. 다음은 내 쇼핑몰을 수동으로 HTML 업그레이드하는 방법입니다. 업그레이드 정보는 관리자 모드 홈에서 우측 하단쯤에 있습니다.

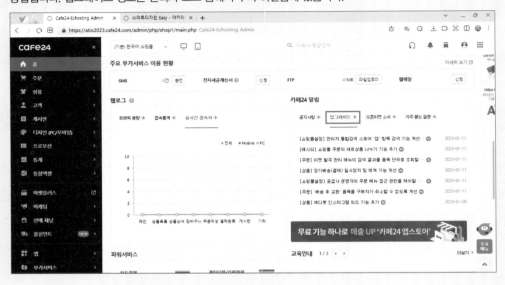

[업그레이드 +] 를 클릭하면 팝업으로 화면이 나타납니다.

2022-12-29일 이전에 생성한 모바일 디자인은 이 업그레이드 글을 참고하여 수동으로 HTML 수정을 해주어야 한다는 내용입니다. 하지만, 2022-12-29일 이후에 기본 디자인을 추가한 쇼핑몰은 이 기능이 모두 추가되어 있으므로 별도로 추가할 필요가 없습니다.

쇼핑몰 생성 날짜는 [디자인(PC/모바일)] > [디자인 보관함]에서 확인할 수 있습니다.

◆ 대표 디자인 편집

쇼핑몰 관리자에 로그인하여 [디자인(PC/모바일)] > [디자인 보관함] 메뉴로 접속합니다.
현재 대표 디자인으로 설정되어 있는 쇼핑몰 디자인을 수정하려면 아래 [디자인 편집] 버튼을
클릭해 주세요. 클릭 시 대표 디자인의 편집창이 새 창으로 열립니다.

◆ 일반 디자인 편집

대표 디자인이 아닌, 내 쇼핑몰에 보관되어 있는 다른 디자인을 편집하려면 [디자인 관리] >
[디자인 보관함] 메뉴에서 원하는 쇼핑몰 디자인을 선택하여 [디자인 편집하기] 버튼을 클릭해
주세요. 클릭 시 해당 디자인의 편집창이 새 창으로 열립니다.

◆ 쇼핑몰 화면에서 원하는 영역 편집하기

쇼핑몰 화면에서 디자인 수정을 원하는 화면으로 바로 이동하여 편집할 수 있습니다. 쇼핑몰 관리자 기능을 '사용함'으로 설정한 후 수정을 원하는 부분에 마우스를 올려 [디자인 편집] 메뉴를 클릭합니다. 그러면 선택된 화면의 모듈을 편집할 수 있도록 편집창이 새 창으로 열립니다.

제품목록, 제품상세, 회사소개 등 페이지에서도 원하는 영역에 마우스 오버하여 '디자인 편집'을 클릭하면 바로 편집창으로 이동하여 편리하게 수정할 수 있습니다.

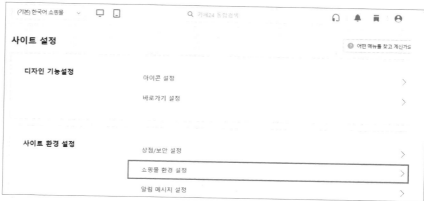

쇼핑몰 관리자 기능을 '사용안함'으로 하는 경우 쇼핑몰 관리자 기능은 비활성화됩니다.

하지만, 쇼핑몰 관리자 기능을 '사용함'으로 했을 때, 제품 목록 페이지 등의 다른 화면 이동시에는 일일이 '사용안함' 체크 후 이동해야 하는 번거로움이 발생할 수 있으므로 관리자 편의에 따라 해당 기능의 사용 유무를 결정하기 바랍니다.

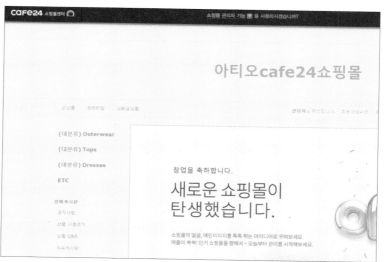

◆ 카페24 스마트 디자인 편집창의 기능 설명

스마트 디자인 편집창은 아래와 같은 형태로 이루어져 있습니다.

❶ **선택 영역** : 편집창의 왼쪽 영역으로, 편집할 페이지를 선택하여 편집 영역을 띄울 수 있습니다. 또한 '폴더추가, 화면추가'를 통해 새로운 페이지를 생성할 수 있습니다.

❷ **편집 영역** : 편집창의 오른쪽 영역으로, 선택 영역에서 페이지를 열어 해당 페이지를 수정하고 저장할 수 있습니다.

◆ 선택 영역 구성 살펴보기

선택 영역은 다음과 같은 기능들로 구성되어 있습니다.

❶ **편집중인 디자인** : 현재 편집창에 열려있는 쇼핑몰 디자인명을 보여줍니다. 대표 디자인인 경우만 사용중 아이콘이 오른쪽에 보여집니다.

❷ **자주 쓰는 화면** : 일반적으로 많이 사용하는 화면을 즐겨찾기 형식으로 모아놓은 리스트입니다.

　🖊 : 자주 쓰는 화면의 즐겨찾기명을 변경

　✖ : 자주 쓰는 화면의 즐겨찾기 정보를 삭제

❸ **전체화면 보기** : 쇼핑몰 디자인 디렉토리에 있는 모든 화면을 트리 형태로 보여줍니다.

❹ **자주 쓰는 화면 추가** : 자주 편집하는 화면명의 왼쪽에 위치한 ☆ 아이콘을 클릭하면 ★ 아이

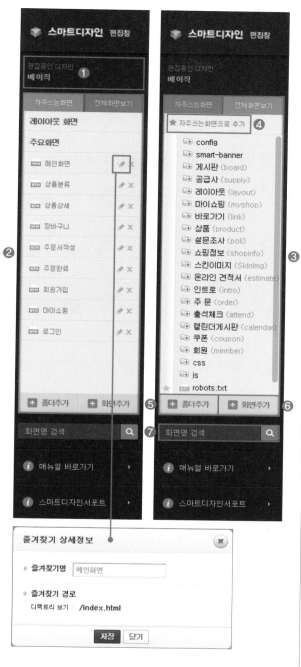

콘으로 변경되면서 '자주쓰는 화면'에 추가
됩니다.

❺ 폴더 추가 : 새로운 폴더를 추가합니다.

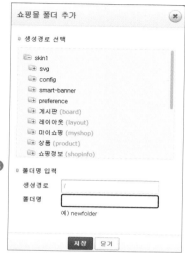

❻ 화면 추가 : 새로운 쇼핑몰 화면을 추가합
니다.

❼ **화면명 검색** : 검색할 화면명을 입력한 후 키보드
Enter 키를 치면 검색 결과가 화면으로 표시됩
니다. 수정을 원하는 화면을 선택하여 [선택파일
열기] 버튼을 클릭하면 해당 화면이 편집창에서
열립니다.

◆ 편집 영역 구성 살펴보기

편집 영역은 다음과 같은 기능들로 구성되어 있습니다.

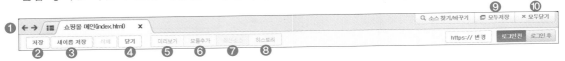

❶ **수정중인 파일** : 디자인 편집으로 위해 화면을 열면, 해당 화
면이 탭으로 나열됩니다.

> ← → : 열린 화면이 여러 개인 경우 왼쪽 오른쪽 화살표를
> 클릭해 원하는 탭을 찾을 수 있습니다.

> ☰ : 현재 열린 화면 리스트를 보여줍니다.

❷ **저장** : 수정한 화면을 저장합니다. 수정 후 저장하지 않으면 탭에 `× 상품분류(list.html)    ×` 와 같이 나타
납니다.

❸ **새이름 저장** : 선택된 화면을 새로운 이름으로 저장합니다.
저장경로를 선택하고 파일명을 입력하면, 새 파일로 저장됩
니다.

❹ **닫기** : 선택된 화면을 닫습니다([×] 버튼과 동일함).

❺ **미리보기** : 화면을 편집한 후, 저장하기 전 적용된 화면을 보
고 싶으면 미리보기 버튼을 클릭합니다. 일반적으로, 화면
모드가 분할보기나 HTML보기 상태에서 편집한 후에 미리
보기 버튼을 클릭하게 됩니다.

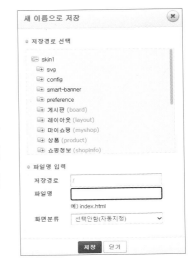

❻ **모듈추가** : 현재 편집중인 화면에 새로운 모듈을 추가합니다. 화면 모드가 화면보기 상태인 경우에는 [모듈추가] 버튼이 활성화되지 않습니다.

❼ **최신소스** : 현재 편집 중인 화면의 최신 소스를 보여줍니다. 소스 내용을 확인한 후 [적용] 버튼을 눌러 현재 화면에 적용합니다. 최종적으로 [저장] 버튼을 눌러 저장해야 최신 소스가 반영됩니다.

❽ **히스토리** : 현재 편집 중인 화면의 저장 히스토리를 보여줍니다. 원하는 저장 시간을 선택하면, 선택한 시간에 저장한 내용으로 소스를 변경해줍니다. 최종적으로 [저장] 버튼을 눌러 저장해야 반영됩니다.

❾ **모두저장** : 열려 있는 모든 화면을 저장합니다.

❿ **모두닫기** : 열려 있는 모든 화면을 닫습니다.

⓫ **로그인 전** : 현재 편집중인 화면을 로그인 전 상태로 미리보기 합니다.

⓬ **로그인 후** : 현재 편집중인 화면을 로그인 후 상태로 미리보기 합니다.

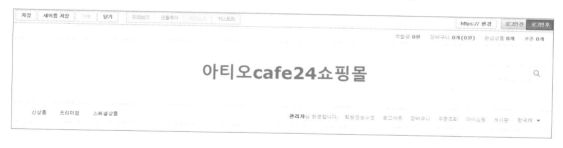

◆ 화면 모드 알아보기

(1) 화면보기 모드

편집창 하단에 첫 번째 버튼을 클릭하면 화면보기 모드로 전환됩니다.

(2) 분할보기 모드

편집창 하단에 두 번째 버튼을 클릭하면 분할보기 모드로 전환됩니다.

(3) HTML보기 모드

편집창 하단에 세 번째 버튼을 클릭하면 HTML보기 모드로 전환됩니다.

◆ 영역별 편집

(1) 모듈 편집

스마트 디자인 편집창 안에서 미리보기 영역 안에 있는 편집하고 싶은 모듈 위에 마우스를 가져
가면 아래와 같이 모듈 영역이 선택됩니다. 예를 들어 추천상품 모듈 영역 위에 마우스 커서를
가져다 놓으면 자동으로 파란 영역이 나타나며 위에 [편집] 버튼이 나타납니다. 우측에 [×] 버
튼을 클릭하면 해당 모듈을 삭제할 수 있습니다.

편집 ⚙ 편집 : 선택된 모듈의 디자인이나 설정, 상세한 HTML을 수정할 수 있습니다.
삭제 ✕ : 선택된 모듈을 삭제합니다.

❶ **꾸미기** : 선택한 모듈을 다양한 형태로 변경할 수 있습니다. 원하는 디자인을 선택한 후 [적용]
버튼을 누르면 선택한 형태로 모듈 디자인이 변경됩니다.

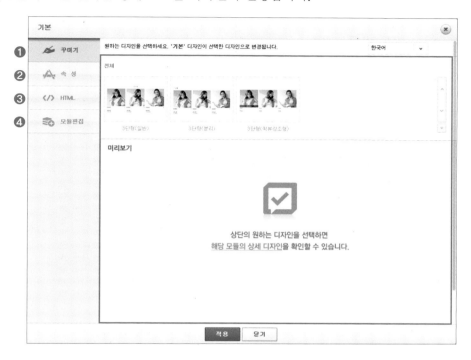

❷ **속성** : 선택한 모듈의 설정값을 스마트 편집창에서 바로 수정할 수 있습니다. 예를 들어, PC
쇼핑몰의 카테고리 메뉴 이미지를 스마트 편집창 속성에서도 바로 수정할 수 있습니다.

❸ HTML : 선택한 모듈의 HTML 소스만 보여줍니다. 이곳에서 HTML 소스를 수정한 후 [적용] 버튼을 누르면, 해당 수정사항이 미리보기 화면에 적용됩니다.

※ 이 곳에서 HTML 소스를 수정하는 것은 화면 모드의 분할보기 또는 HTML 보기 상태에서 소스를 수정하는 결과와 동일합니다. 화면 모드를 변경해서 HTML 소스를 보면 페이지 전체 소스가 보여지게 되므로, 모듈 단위의 소스를 보고 싶은 경우에 사용하면 좋습니다.

❹ **모듈 편집** : 선택한 모듈을 다른 모듈로 변경하고 싶거나, 위 혹은 아래에 다른 모듈을 추가하고 싶은 경우에 사용합니다. 변경하려는 모듈을 선택한 후, 현재 모듈과 변경을 선택하여 [적용] 버튼을 누르면 기존에 선택한 모듈이 변경하려는 모듈로 변경됩니다. 마찬가지로, 추가하려는 모듈을 선택한 후, 현재 모듈의 위쪽에 추가 혹은 아래쪽에 추가를 선택하여 [적용] 버튼을 누르면 기존에 선택한 모듈의 위 혹은 아래쪽에 모듈이 추가됩니다.

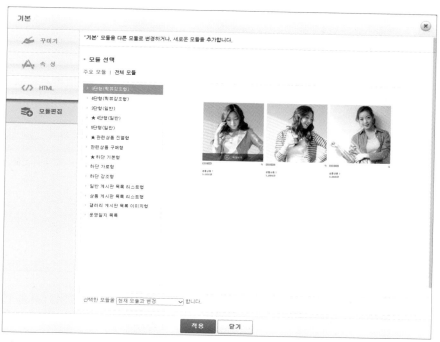

※ 수정사항이 실제 쇼핑몰 화면에 반영되기 위해서는 해당 페이지를 반드시 저장해야 합니다.

(2) 이미지 편집

편집하고 싶은 영역이 단순 이미지인 경우에도 모듈과 마찬가지로 위에 마우스를 가져가면 해당 영역이 선택됩니다. 이미지의 [편집] 버튼을 누르면 속성, HTML, 모듈 편집 등의 수정이 가능합니다.

 '해당 모듈을 찾을 수 없습니다' 해결 방법

[편집] 버튼을 클릭하였는데 '해당 모듈을 찾을 수 없습니다. HTML 태그가 올바르게 닫혀 있는지 확인하세요.' 라는 에러 문구가 발생할 경우, 아래와 같이 대처해주면 해결됩니다. 해당 에러가 발생하는 것은 스마트 배너 관리로 해당 이미지를 관리해야 하기 때문에 변수로 이루어진 내용이라 일반 HTML로 편집이 불가능하여 발생한 에러 문구입니다.

HTML 소스 편집창에서 7번 행의 소스 줄을 복사한 다음, 3~10번 행을 삭제합니다. 이어서 복사한 내용을 붙여넣고 저장하면 정상적으로 편집창이 뜨는 것을 확인할 수 있습니다.

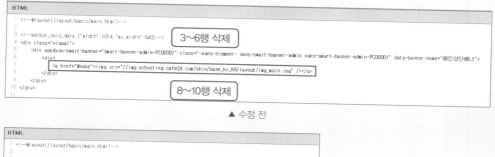

▲ 수정 전

```
HTML
1  <!--#layout(/layout/basic/main.html)-->
2
3  <a href="#none"><img src="//img.echosting.cafe24.com/skin/base_ko_KR/layout/img_main.jpg" /></a>
4
5  <!--#import(/product/shopQ/searchContent.html)-->
6
7  <div module="product_listmain_1" class="ec-base-product">
8      <!--
9          $count = 8
10             ※ 상품진열갯수를 설정하는 변수입니다. 설정하지 않을 경우, 최대 200개의 상품이 진열 합니다.
11             ※ 진열된 상품이 많으면, 쇼핑몰에 부하가 발생할 수 있습니다.
12         $basket_result = /product/add_basket.html
13         $basket_option = /product/basket_option.html
```

▲ 수정 후

편집창을 클릭하면 정상적으로 나타나는 것을 확인할 수 있습니다.

• 속성 : 선택한 이미지를 다른 이미지로 변경할 수 있습니다. [파일 선택] 버튼을 클릭하여 이미지를 새로 업로드하면, 편집창에서 변경된 이미지로 미리보기할 수 있습니다.

(3) 레이아웃 편집

편집하고 싶은 영역이 레이아웃 파일에 속한 경우에는 선택하면 자동으로 레이아웃 파일이 열립니다. 예를 들어, 쇼핑몰 메인 화면의 상단 로고 영역을 선택하면 '메인 레이아웃' 화면이 자동으로 열리면서 해당 영역이 선택된 상태로 보여집니다. 이 상태에서 [편집] 버튼을 누르면 일반적인 모듈 편집과 동일하게 수정할 수 있습니다.

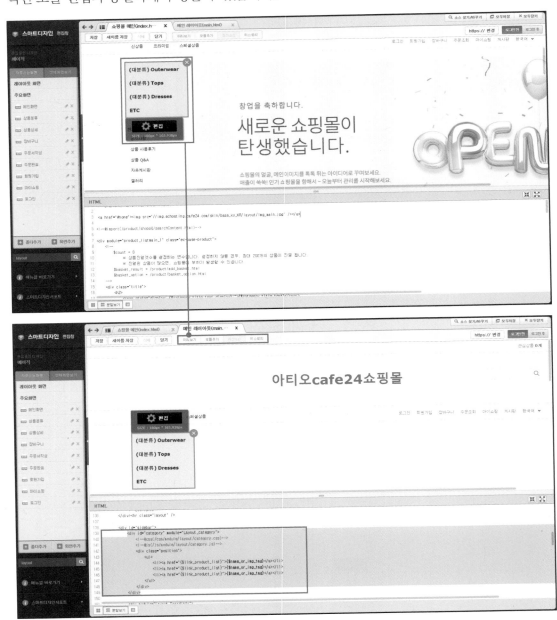

03 새 페이지 만들기

'화면추가'를 통해 새 화면을 추가한 경우는 다음과 같이 편집할 수 있습니다. [화면추가] 버튼을
눌러 new.html 파일명으로 화면을 저장하면, 레이아웃과 모듈 영역이 기본으로 추가됩니다.

모듈 영역을 선택한 후 [편집] 버튼을 눌러, HTML 소스에서 직접 수정하거나 새로운 모듈을
추가할 수 있습니다.

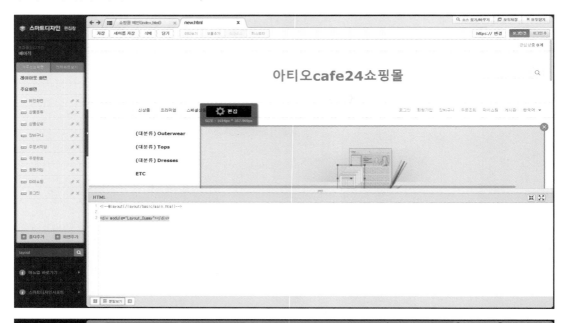

MEMO

쇼핑몰을 구축할 때
독창적으로 나만의 컨셉으로 만드는 것도 중요하지만
다른 잘 나가는 사이트를 벤치마킹하면서 자신만의 아이디어를 추가하면
좀더 시간을 단축시킬 수 있습니다.
PART 3에서는 벤치마킹 방법과
기획 및 설계하는 방법을 살펴봅니다.

PART
03

스마트 디자인
제작 기획 및 설계

cafe24 smart design

chapter 01 | 잘 나가는 쇼핑몰 벤치마킹하기

판매 대상과 판매할 아이템을 결정했다면 경쟁 대상자를 벤치마킹합니다. 벤치마킹은 새로운 창조를 위한 분석입니다. 경쟁 쇼핑몰을 분석하여 그들의 성공요소를 찾아내고, 그것을 보다 새롭게 내 쇼핑몰에 접목시켜 경쟁력을 갖추기 위해서입니다.

이 장에서는 벤치마킹하는 방법과 문서로 정리하는 방법에 대해 알아보겠습니다.

01 네이버 파워링크 및 사이트 검색순위로 벤치마킹하기

◆ 네이버 파워링크로 벤치마킹하기

만일 여성복 쇼핑몰을 계획 중에 있다면 네이버(http://www.naver.com)에 접속하여 '여성복 쇼핑몰'이라고 검색을 합니다. 파워링크가 나오지 않으면 한 번 더 검색 버튼을 클릭합니다.

파워링크에 여성복 쇼핑몰이 여러 개 나타나면서 스크롤을 약간 내리면 [더보기]를 확인할 수 있습니다. [더보기]를 클릭합니다.

검색 결과와 여성복 쇼핑몰로 등록된 총 건수가 표시됩니다. 이 중 광고집행 기간이 61개월 이상인 사이트들을 상대로 괜찮다고 생각되는 사이트 3~4군데를 최종 선정하여 벤치마킹하는 것이 좋습니다.

네이버의 광고 집행 기간은 광고의 표시 URL 단위로 계산되며 총 6단계로 이루어집니다.

- 0~3개월
- 4~12개월
- 13~24개월
- 25~36개월
- 37~60개월
- 61개월 이상

광고 기간이 긴 업체일수록 방문객, 회원 수 등이 많으므로, 벤치마킹하기에 가장 좋은 사이트입니다.

◆ 네이버 사이트 검색 순위로 벤치마킹하기

네이버(http://www.naver.com)에 접속하여 '여성
복쇼핑몰'이라고 검색을 하고 스크롤을 내려
[검색결과 더보기]를 클릭합니다. 해당 사이
트들을 상대로 자신의 컨셉과 어울리는 사이
트를 벤치마킹합니다.

02 다음 사이트 파워링크 및 검색순위로 벤치마킹하기

◆ 다음 파워링크를 확인하여 벤치마킹하기

다음(http://www.daum.net)에 접속하고, '여성복 쇼핑몰'이라고 검색을 합니다. 스크롤을 약간 내려
서 [프리미엄링크 더보기] 버튼을 클릭합니다. 여성복 쇼핑몰 사이트가 여러 개 나오면 각각 클
릭하여 사이트를 방문해보고 3~4군데를 최종 선택하여 벤치마킹하는 것이 좋습니다.

◆ 다음 사이트 내에서 벤치마킹하기

다음(http://www.daum.net)에 접속하고 '여성복쇼핑몰'이라고 검색을 합니다. 사이트 탭을 클릭하여 각 사이트를 방문하고 3~4군데를 최종 선택하여 벤치마킹하는 것이 좋습니다.

03 쇼핑몰의 대표 색상과 보조 색상 정하기

쇼핑몰을 디자인할 때 대표 색상과 보조 색상을 미리 정하고 색상 값을 알아놓는다면 쇼핑몰 디자인 구성요소로 사용되는 버튼 및 글자 색상 등을 쇼핑몰 디자인과 매치하여 설정할 때 편리하게 작업할 수 있습니다. 카페24 기본 쇼핑몰의 대표 색상은 다음과 같이 설정되어 있습니다.

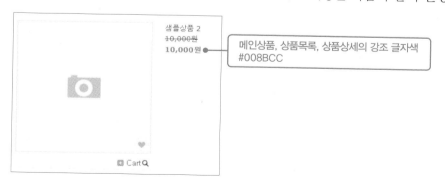

위의 색상값을 알아내는 방법은 다음과 같습니다. 키보드의 F12 키를 누르면 나타나는 Devtool에서 첫 번째 셀렉트 아이콘을 선택한 다음, 색상값을 알아내고자 하는 요소를 선택하면 색상값이 나타납니다.

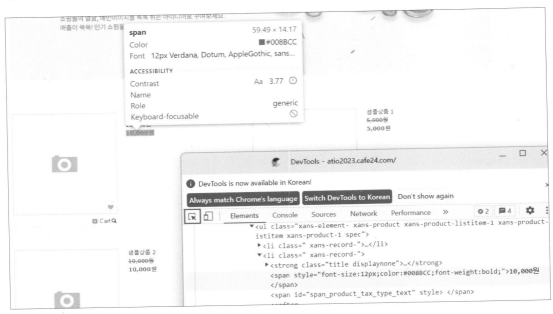

또는 쇼핑몰 화면을 캡처하고(키보드의 PrtScr 버튼 혹은 printscreen 이라는 버튼을 클릭합니다) 포토샵을 실행합니다. [file]−[new](단축키 Ctrl + N)을 누르고 OK 버튼을 클릭하여 새창을 열고 [edit]− [paste](단축키 Ctrl + V)를 눌러 캡처한 화면을 포토샵으로 불러올 수 있습니다.

툴 박스에서 스포이드 툴 을 선택한 다음, 파랑 글자 색상이 있는 "5,000원" 글자를 선택하면
전경색이 파란색으로 변경된 것을 확인할 수 있습니다.

전경색인 파란색을 클릭합니다.

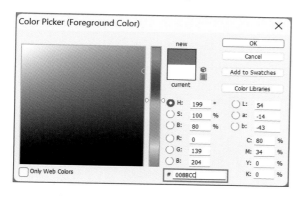

색상값이 #008BCC인 것을 확인할 수 있습니다.

다음 활용 예를 따라하면 메인 색상과 보조 색상값을 구하고 각 디자인 요소들의 색상값을 변경
하는데 활용할 수 있습니다. 대표 색상과 보조 색상을 구하고 관리자 모드에서 어떻게 활용하는
지에 대한 방법을 설명하겠습니다.

메인 색상은 빨간색, 보조 색상은 진회색으로 정하고, 쇼핑몰 레이아웃을 디자인하였다면 대표
색상값과 보조 색상값을 알아내는 방법은 다음과 같습니다.

▲ https://ecudemo43708.cafe24.com/

포토샵을 실행하고 툴 박스에서 스포이드 툴 🖋 을 선택한 다음, 빨강 부분과 진회색 부분을 선
택하면 색상값은 다음과 같습니다.

대표 색상인 빨간색은 #e31d14이고, 보조 색상인 진회색은 #656565인 것을 확인할 수 있습니다. 이렇게 대표 색상과 보조 색상을 정하였다면 상품 목록에 보이는 판매가 색상을 변경합니다.

◆ 메인 상품 목록의 판매가 색상 변경하기

메인 상품 목록의 신상품 영역,
베스트 상품 영역, 인기 상품 영역의 판매가가
파란색으로 나오는 것을 확인할 수 있습니다.
이것은 카페24 기본 색상이며
메인 색상을 정했다면 쉽게 변경할 수 있습니다.

(1) 메인 신상품 영역 판매가 색상 변경하기

관리자 모드에 접속합니다(http://eclogin.cafe24.com/shop). 쇼핑몰 설정 > 상품 설정 > 상품 보기 설정 > [상품 정보 표시 설정]을 클릭합니다. 메인 화면 탭을 선택한 상태에서 상세 분류 선택으로 신상품을 클릭합니다. 상단 검색창에서 상품 정보 표시 설정을 검색하면 빠르게 이동할 수 있습니다.

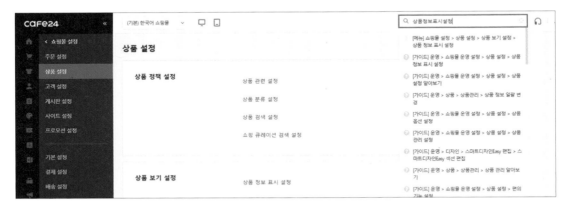

판매가에 해당하는 색상표 버튼을 클릭합니다.

008bcc를 대표 색상값인 e31d14로 수정하고 [선택] 버튼을 클릭합니다.

판매가 색상이 파란색에서 빨간색으로 변경된 것을 확인할 수 있습니다. 하단에 [확인] 버튼을
눌러 적용합니다.

메인화면 탭에 추천상품, 인기상품(추가 카테고리1)도 마찬가지로 판매가를 빨간색으로 변경합니
다. 관리자 모드 상단에 모니터 모양을 클릭하면 내상점 바로가기를 할 수 있습니다. 실제 쇼핑
몰에 반영되었는지 확인하시기 바랍니다.

메인화면 목록에 모든 상품들
의 판매가가 메인 색상인 빨간
색으로 변경되었습니다.

(2) 이용안내 탭 색상 변경하기

카페24 기본 쇼핑몰의 [이용안내] 탭 색상은 다음과 같이 남색으로 설정되어 있습니다. 이것도 대표 색상인 빨간색으로 변경해보겠습니다.

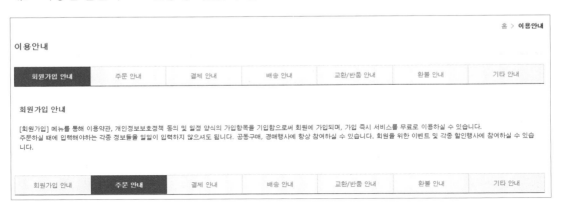

[이용안내] 탭 색상값은 포토샵에서 스포이드 툴로 선택해보면 다음과 같습니다. #4a5164

관리자 모드에서 [디자인(PC/모바일)]–[디자인 편집] 버튼을 클릭하여 스마트 디자인 편집창을 엽니다.

[전체화면 보기] 탭을 클릭하고 레이아웃(layout) > 기본레이아웃(basic) > css > ec-base-tab.css 를 차례대로 클릭합니다.

11번째, 20번째 줄 끝에 background:#4a5164;를 background:#e31d14; 로 변경합니다.

```
.ec-base-tab .menu li.selected a { position:relative; top:-1px; left:-
2px; margin:0 0 -1px; border:1px solid #202020; border-bottom:0; col-
or:#fff; font-weight:bold; background:#4a5164; }
```

▲ ec-base-tab.css의 11번째 줄 변경 전

```
.ec-base-tab .menu li.selected a { position:relative; top:-1px; left:-
2px; margin:0 0 -1px; border:1px solid #202020; border-bottom:0; col-
or:#fff; font-weight:bold; background:#e31d14; }
```

▲ ec-base-tab.css의 11번째 줄 변경 후

```
.ec-base-tab[class*="grid"] .menu li.selected { position:relative;
top:0; right:-1px; border:1px solid #292929; border-bottom:0; back-
ground:#4a5164; }
```

▲ ec-base-tab.css의 20번째 줄 변경 전

```
.ec-base-tab[class*="grid"] .menu li.selected { position:relative;
top:0; right:-1px; border:1px solid #292929; border-bottom:0; back-
ground:#e31d14; }
```

▲ ec-base-tab.css의 20번째 줄 변경 후

다음과 같이 변경되었습니다.

이용안내						
회원가입 안내	주문 안내	결제 안내	배송 안내	교환/반품 안내	환불 안내	기타 안내

회원가입 안내

[회원가입] 메뉴를 통해 이용약관, 개인정보호정책 동의 및 일정 양식의 가입항목을 기입함으로써 회원에 가입되며, 가입 즉시 서비스를 무료로 이용하실 수 있습니다. 주문하실 때에 입력해야하는 각종 정보들을 일일이 입력하지 않으셔도 됩니다. 공동구매, 경매행사에 항상 참여하실 수 있습니다. 회원을 위한 이벤트 및 각종 할인행사에 참여하실 수 있습니다.

회원가입 안내	주문 안내	결제 안내	배송 안내	교환/반품 안내	환불 안내	기타 안내

04 신상품이 먼저 올까? 추천상품이 먼저 올까? 화면의 적재적소에 구성요소 배치하기

쇼핑몰의 메인 구조는 적절한 정보를 제공하여 고객이 원하는 상품을 빨리 찾고 쉽게 찾을 수 있도록 배치하는 것이 중요합니다. 그래서 고객의 시선에 따라서 주력 상품일수록 상단에 배치하는 것이 좋습니다. 그런데 신상품과 추천상품 중 어떤 것을 먼저 배치할지는 장단점을 확인하고 배치하는 것이 좋습니다.

신상품을 상단에 배치하는 경우 상품의 회전순서가 빨라 사이트가 역동적으로 보여질 수 있는 장점이 있습니다. 단점은 신상품의 경쟁력이 떨어지면 사이트 이탈 시간이 짧아질 수 있다는 점입니다.

추천상품을 상단에 배치하는 경우 사이트 방문 후 하단까지 내려가지 않고 제일 경쟁력있는 사이트를 우선 보여줌으로써 고객의 결정을 쉽게 도와줄 수 있는 장점이 있습니다. 단점은 사이트가 정적으로 보여질 수 있고 사이트의 활동성 저하로 보여질 수도 있다는 점입니다.

cafe24 smart design

chapter 02 | 쇼핑몰 디자인 기획 및 설계하기

PART 3

쇼핑몰을 구축하기 전에 먼저 고려되어야 할 사항들이 있습니다. 바로 컨셉입니다. 어떤 제품으로 타겟층은 누구인지, 메인 색상은 어떤 것으로 할지, 레이아웃은 어떻게 할지 대략적으로 파악해놓는 것이 중요합니다. 그리고 잘 만들어진 사이트를 벤치마킹하는 것이 좋습니다.

쇼핑몰 기획서는 나홀로 창업이라도 반드시 작성해야 합니다. 그래야만 사업에 대한 생각을 구체화할 수 있고, 꼼꼼히 챙길 수 있습니다.

이번 장에서는 쇼핑몰 컨셉을 문서화 해보고, 이미지 기획서로도 만들어보는 작업을 해보겠습니다. 이미지 기획서로 만들어보는 단계는 잘 디자인한다기 보다는 이런 느낌으로 가겠다는 의미로 만들어지기 때문에 여기저기 벤치마킹한 사이트에서 같다붙이는 식으로 콜라주 작업을 한다고 생각하면 될 것 같습니다.

01 문서로 만드는 기획 및 설계

다음 예를 참고하여 쇼핑몰 기획서를 작성해 보세요.

예 아래 내용을 기본으로 하되 추가 내용은 추가 기입하여 기획서를 수정해 나가면 좋습니다.

상호는?	ATIOmall
어떤 컨셉으로 만들 것인가?	모던, 심플하게
상품 구성은 어떻게 할 것인가(아이템)?	패션의류, 액세서리 등
대표 전화 / (모바일) 팩스?	0507-123-0000 / 0504-010-0000
무통장 입금 계좌 (다계좌 가능)?	우리 123456-789-000000 제로레인보우
카테고리?	아우터(코트, 점퍼), 셔츠(후드, 셔츠, 나시), 원피스, 가방, 액세서리 (선글라스, 신발, 머플러), 1+1

메인 슬라이드 문구?	아티오가 추천하는 데일리코디 상품 ATIOmall Daily CODI ITEM
기획전?	Handmade Products, High Quality Shoes, Fashion Collection

위 간략한 사업계획서를 바탕으로 좀 더 구체적으로 작성해봅니다.

○ 사업 요약

❶ 상호는?	
❷ 어떤 쇼핑몰로 시작할 것인가, 아이템?	예 여성의류 쇼핑몰
❸ 어떤 컨셉으로 만들 것인가?	예 도시적임, 세련됨
❹ 상품 구성은 어떻게 할 것인가?	예 의류와 함께 액세서리 등도 판매

○ 시장 분석

❶ 앞으로 시장 전망이 좋은가?	시간적인 면을 고려하여 온라인 진출이 용이
❷ 선정한 아이템을 판매할 목표 시장은?	인터넷을 사용하는 20~30대

○ 예산 계획

❶ 비용 예산?	쇼핑몰 디자인, 아이템 구매, 개발비, 통신판매업 신고, PG사, 택배비, 박스 구매 등

○ 인력 구성

❶ 몇 명의 직원을 채용할 것인가?	상품사입 담당, 촬영 담당, 쇼핑몰 디자인 담당, 고객관리 담당, 배송 담당

○ 상품 소싱

❶ 어디에서 사입할 것인가?	예 동대문, 남대문, 인터넷 도매 사이트
❷ 아이템은 몇 개씩 구매할 것인가?	예 대량으로 구매? 초도물량 소량 구매?

○ 마케팅 계획

❶ SNS 개설의 종류?	예 네이버 블로그, 페이스북 페이지, 카카오스토리, 인스타그램, 밴드 등
❷ 오픈마켓 입정할 곳?	예 옥션, 지마켓, 11번가, 네이버 스토어팜, 인터파크, 쿠팡
❸ 유료 광고할 곳?	예 네이버 키워드 광고, 다음 클릭스, 카카오스토리 광고

쇼핑몰의 문서 기획서를 바탕으로 벤치마킹 사이트들을 방문하여 마음에 드는 부분이나 이런 식으로 만들어 보겠다는 느낌으로 이미지를 캡처하여 한글 문서에서 작업해 보겠습니다.

01 한글 파일을 열고 블로그형 레이아웃 형태의 표를 그립니다. 한글에 서 표 도구를 선택하고 3×1의 표를 선택합니다.

02 상단, 본문, 하단의 블로그형 구조의 표가 완성되었습니다.

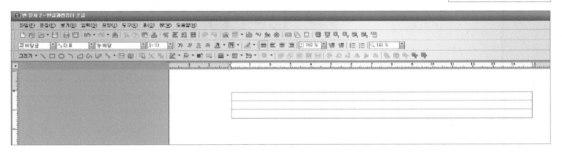

03 상단 영역에 로고 및 메뉴 등을 배치해보겠습니다. 로고의 경우 우선은 텍스트를 써 넣고 메뉴는 벤치마킹 사이트(🔗 http://ecudemo38240.cafe24.com/)에서 캡처해서 붙여넣습니다. 벤 치마킹 사이트에 접속합니다.

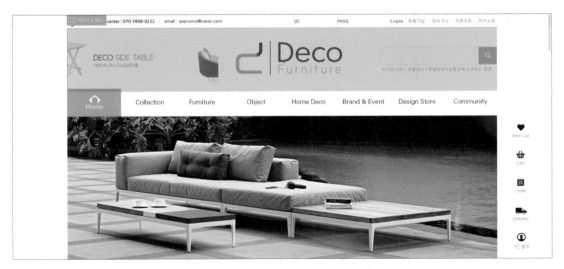

🔗 http://ecudemo38240.cafe24.com/

04 웨일 브라우저를 활용하면 편리하게 캡처 작업을 할 수 있습니다. Alt + 2 을 클릭하면 영역별로 지정하여 캡처할 수 있습니다. 또는 브라우저 좌측 상단의 아이콘을 클릭하고 두 번째를 선택한 후 영역 지정하여 캡처할 수 있습니다.

05 한글 문서의 상단 영역에 붙여넣습니다.

06 입력에서 도형을 선택하고 로고 위에 드래그합니다.

07 로고명을 입력합니다. 다음 줄에는 메뉴명을 입력합니다.

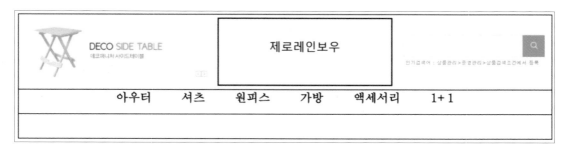

08 본문 영역을 만들기 위해 벤치마킹 사이트에 접속합니다(http://ecudemo34305.cafe24.com/).

09 웨일 브라우저의 캡처 기능을 이용하여 Alt + 1 을 클릭한 후 벤치마킹할 본문 영역을 캡처하고 한글 문서에 붙입니다.

<u>10</u> 메인추천 상품, 메인 신상품 영역의 디자인을 위해 벤치마킹 사이트에 접속합니다(http://ecudemo34306.cafe24.com/). 웨일 브라우저 캡처 기능의 직접 지정(Alt + 1)을 이용해서 메인과 배너 영역을 드래그하여 복사하고 한글에 붙입니다.

<u>11</u> 하단에 들어갈 문구를 쓰고 중앙정렬합니다.

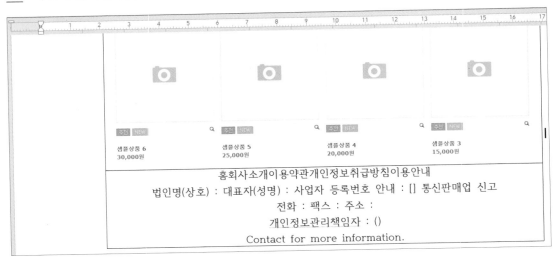

12 다음과 같이 완성되었습니다. 문서 기획서나 이미지 기획서는 아이디어가 생각날 때마다 수정해서 업그레이드하는 것이 좋습니다.

카페24 쇼핑몰에서 제공하는 앱 기능을 통해
에디봇 베너, 에디봇 상세페이지, 스마트 배너, 스마트 팝업 등을
관리할 수 있습니다.
PART 4에서는
본격적으로 쇼핑몰을 구축하기 위해
필요한 방법들을 살펴봅니다.

PART
04

간편하게 뚝딱 만드는
로고, 배너, 상세페이지

cafe24 smart design

chapter
01 | 로고 만들기

01 [앱]-[마이앱 관리]-[앱스토어 바로가기]를 클릭합니다.

02 '에디봇'을 검색하고 [에디봇 배너]를 설치합니다.

Q 에디봇   ×   ✕

cafe24
에디봇 배너
템플릿으로 간편하게 디자인 만들기

에디봇 배너
배너

무료

디자이너가 아니어도 OK ! 누구나 쉽고 빠르게 멋진 디자인을 만들 수 있습니다.

03 [나의 작업]에서 [➕ 새로 시작하기]를 클릭합니다.

04 작업창 위에 사이즈를 '로고 600×600'으로 선택합니다.

05 왼쪽 템플릿 영역에서 원하는 스타일의 템플릿을 선택합니다.

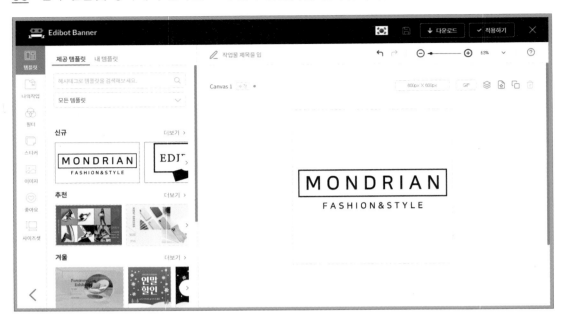

06 편집할 글자를 선택한 후 더블클릭하면 글자를 편집할 수 있습니다. 그리고 왼쪽 영역에서 폰트 크기 및 글꼴 등을 변경할 수 있습니다. 완료되면 우측 상단의 [다운로드] 버튼을 클릭하여 저장합니다.

07 사이즈 600×200으로 다시 [적용하기]를 클릭한 다음, 적용 방식을 '맞추기'로 한 후 다운
로드 합니다.

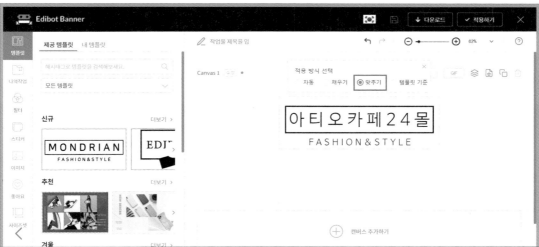

cafe24 smart design

chapter
02 | 배너 만들기

01 [앱]−[마이앱 관리]−[에디봇 배너]에서 [관리하기]를 클릭합니다.

02 [나의 작업]−[새로 시작하기]를 클릭합니다.

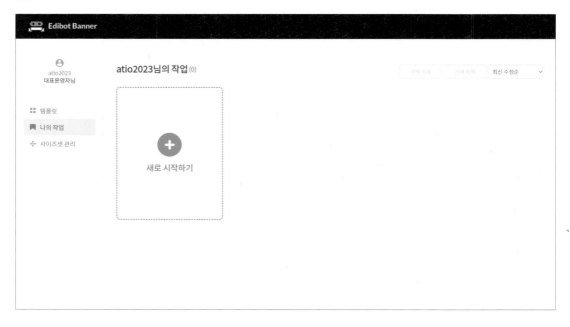

03 템플릿을 선택하면 우측 영역에 선택한 템플릿이 나타납니다. 문구를 선택하면 원하는 문구로 변경할 수 있습니다.

04 이미지를 선택하면 [이미지 변경] 버튼이 나타나며, 클릭하면 이미지를 업로드하여 다른 이미지로 변경이 가능합니다. 변경한 이미지를 다운로드한 후 앞의 디스켓 모양을 클릭하면 작업 내용에 저장됩니다. 저장된 내용은 언제든 다시 편집할 수 있습니다.

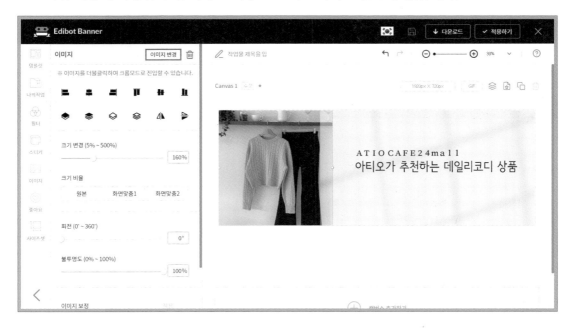

ATIOCAFE24mall
아티오가 추천하는 데일리코디 상품

ATIOCAFE24mall
아티오가 추천하는 데일리코디 상품

ATIOCAFE24mall
아티오가 추천하는 데일리코디 상품

01 [앱]–[마이앱 관리]–[스마트 배너 관리]의 [관리하기]를 클릭합니다.

02 [PC] 탭을 클릭하고 [➕ 배너영역 추가하기]를 클릭합니다.

03 영역명은 '메인슬라이드'라 적고 배너 크기는 1000×600, 활성여부는 '활성', 슬라이드 사용여부는 '사용'으로 하고 [저장]을 클릭합니다.

B Smart banner ADMIN

배너 영역 관리 PC

ℹ️ 배너영역 적용 방법

영역명	메인슬라이드	배너 크기	1000 x 600
활성여부	◉ 활성 ○ 비활성	생성코드	
슬라이드 사용여부	◉ 사용 ○ 사용안함		

배너로 사용할 이미지의 크기입니다.

슬라이드 설정

보통(6초)

○ 사용안함   ◉ 점 형태   ○ 바 형태

[저장] [메인으로]

04 바로 아래 생성된 [배너 등록]을 클릭한 다음, [이미지 등록]을 클릭합니다.

B Smart banner ADMIN

배너 등록 PC

배너 영역	메인슬라이드
배너 크기	1000 x 600
사용여부	◉ 사용함 ○ 사용안함
이미지 등록	[이미지 등록]
링크 URL	http://가 포함된 URL을 입력해주세요. □ 링크 미사용
링크 방식	◉ 새창 열기 ○ 현재창에서 이동
설정	○ 노출기간 설정 ◉ 노출기간 설정 안함

[저장] [취소]

05 [간편하게 배너 만들기]를 클릭합니다.

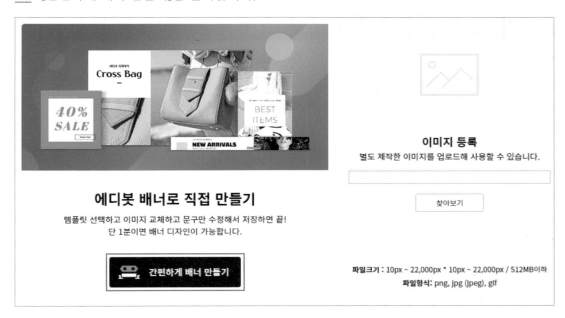

06 좌측 템플릿 중 하나를 선택합니다.

07 문구를 선택한 후 색상을 변경합니다. 완료 후 우측 상단의 [적용하기]를 클릭합니다.

08 '링크 미사용'에 체크한 후 [저장]을 클릭합니다.

09 다시 [배너 등록]을 클릭하고 좌측 제공 템플릿 중 하나를 선택합니다.

10 변경할 이미지를 선택하면 [이미지 변경] 버튼이 나타나며, 클릭하면 이미지를 업로드하여 변경할 수 있습니다.

11 완료되었으면 우측상단의 [적용하기] 버튼을 클릭합니다.

12 다시 [배너 등록]을 클릭하고 좌측 제공 템플릿 중 하나를 선택합니다.

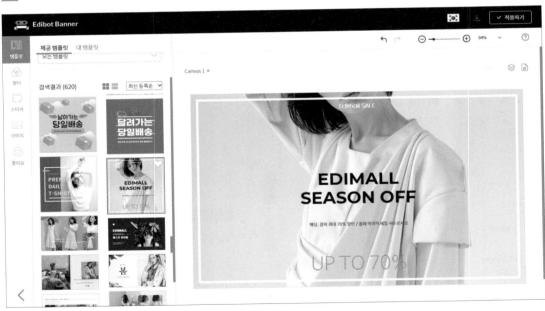

13 문구를 수정하고 이미지를 변경한 후 우측상단의 [적용하기] 버튼을 클릭합니다.

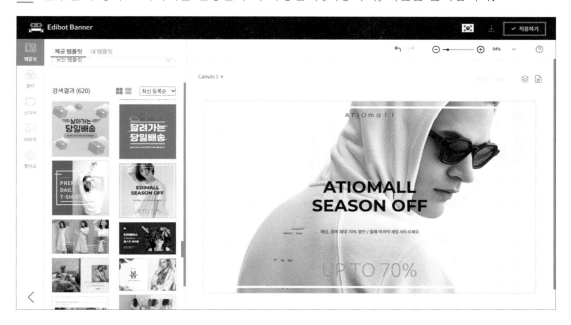

14 [소스복사]를 클릭합니다. 그러면 원하는 곳에 소스를 붙여서 활용할 수 있습니다.

```
<!--@import(/smart-banner/shop1/smart-banner-admin-PC00001.html)-->
```

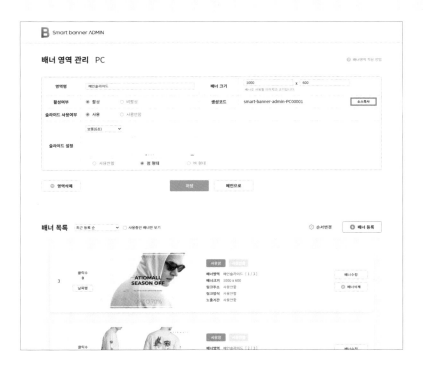

01 [앱]–[마이앱]–[스마트 팝업 관리]에서 [관리하기]를 클릭합니다.
그런 다음 [팝업 등록]을 클릭합니다.

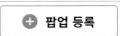

02 [에디봇 배너로 만들기]를 클릭합니다.

03 템플릿 메뉴를 활용하여 팝업 이미지를 만듭니다. 템플릿 중 하나를 선택하면 우측 작업창에 나타납니다. 수정 완료 후 우측 상단에 있는 [적용하기] 버튼을 클릭합니다.

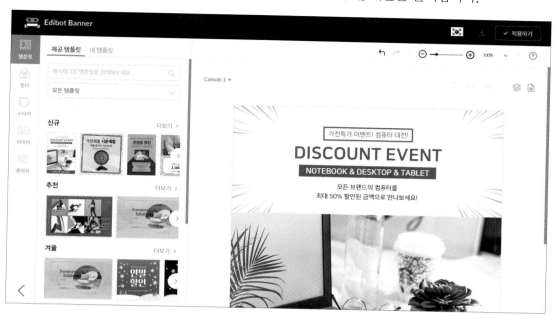

04 같은 방법으로 [에디봇 배너로 추가하기] 버튼을 클릭하여 팝업 이미지를 추가합니다. 이미지가 여러 개 있으면 화면에서 자동으로 슬라이드 됩니다. 슬라이드 속도 및 팝업 이미지 슬라이드 순서 형태(점, 바형태)는 팝업 화면 설정에서 수정할 수 있습니다.

05 팝업은 여러 개 등록할 수 있습니다.

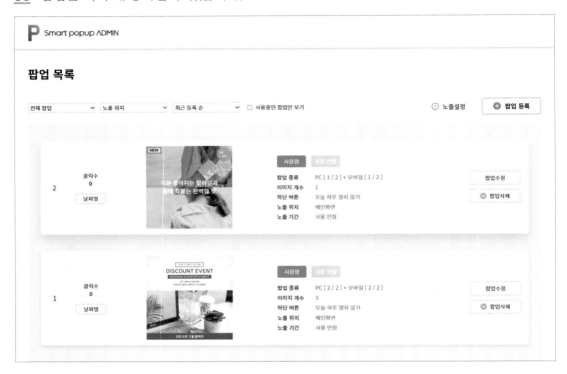

06 [노출 설정] 버튼 클릭 후 겹치지 않게 노출 설정할 수 있으며, 순서를 변경할 수도 있습니다.

chapter 05 | 상품 목록 이미지 만들기

01 [앱]-[마이앱 관리]-[에디봇 배너]에서 [관리하기]를 클릭합니다.

02 [나의 작업]-[새로 시작하기]를 클릭합니다. [이미지]-[이미지 업로드] 버튼을 클릭 후 이 미지들을 업로드합니다.

<u>**03**</u> 업로드한 이미지들은 [첨부 이미지] 탭 아래에 나타납니다.

<u>**04**</u> 우측에 사이즈 정보를 클릭하여 1000×1000으로 변경하고 [적용하기]를 클릭합니다.

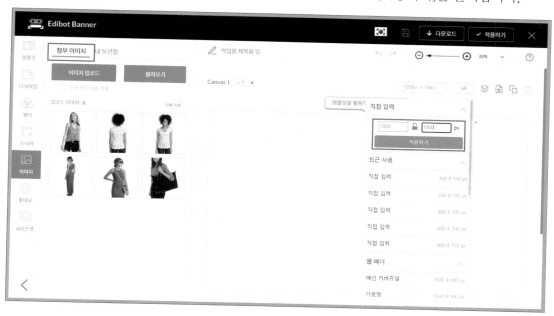

<u>**05**</u> 이미지를 선택한 후 크기 변경의 조절점을 드래그하여 화면을 채웁니다. 화면보다 크게 크기를 변경한 후 [화면맞춤1] 버튼을 클릭하면 화면에 맞게 자동으로 채워집니다. 완료된 후 Canvas1 위의 연필 모양 옆에 '상품목록이미지' 라고 적은 후 우측상단 [다운로드] 버튼을 눌러 이미지를 저장합니다. 같은 방법으로 다른 상품목록 이미지들도 1000×1000으로 만듭니다.

<u>06</u> [적용하기]를 위해 관리자 모드에서 [상품]-[상품목록]을 클릭합니다. 상품을 하나 클릭한 다음, [이미지 정보] 탭을 클릭합니다.

<u>07</u> [이미지 사이즈 변경]을 클릭하고 사이즈 변경을 수정합니다. 추후 마켓플러스를 통해 네이버 스마트스토어, 지마켓, 옥션, 쿠팡 등의 오픈마켓 연동을 고려한다면 이미지 사이즈 정보를 1000×1000으로 변경하는 것이 연동할 때 오류를 최소화시킬 수 있습니다.

▲ 변경 전

▲ 변경 후

08 이미지 사이즈 변경을 한 후에 대표 이미지를 등록합니다. 이미지 사이즈 변경 전에 등록된
이미지는 다시 이미지를 등록해야 사이즈가 변경됩니다.

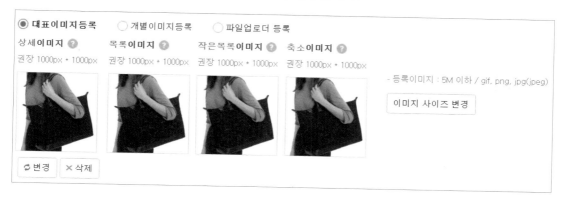

01 [앱]−[마이 앱]−[에디봇]에서 [관리하기]를 클릭합니다.

02 [자동으로 상품]−[상품목록]−[간단 등록]으로 이동한 다음, [에디봇으로 작성하기]를 클릭합니다. 필수 아이콘이 붙은 상품명과 판매가를 입력하고 진열상태는 진열함에 체크한 후, 분류는 아무 대분류를 하나 추가하고 등록하면 상세 진열보기를 확인할 수 있습니다. 미분류 상태이거나 진열안함 상태에서는 쇼핑몰에 상세페이지가 게재되었을 때의 화면을 미리보기할 수 없으므로, 미리 이 점을 숙지하고 작업하면 편리할 것입니다.

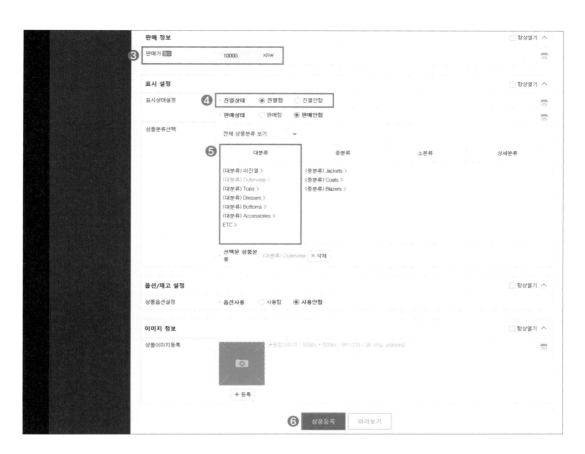

03 에디봇 제공 상세페이지 템플릿은 총 72가지 입니다. 원하는 스타일을 선택하여 디자인하면 더욱 간편하게 상세페이지를 꾸밀 수 있습니다. 원하는 템플릿을 선택한 후 미리보기를 클릭하면 우측에 [템플릿 미리보기] 화면이 나타납니다.

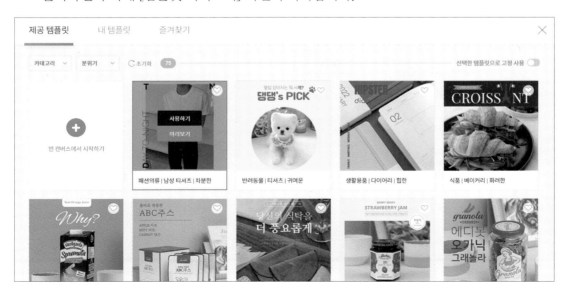

04 원하는 스타일을 찾았다면 선택 후 [변경하기]를 클릭합니다.

05 화면이 편집 모드로 변환됩니다. 좌측 상단에 [이미지] 메뉴를 눌러 미리 준비해 둔 이미지
를 업로드 합니다.

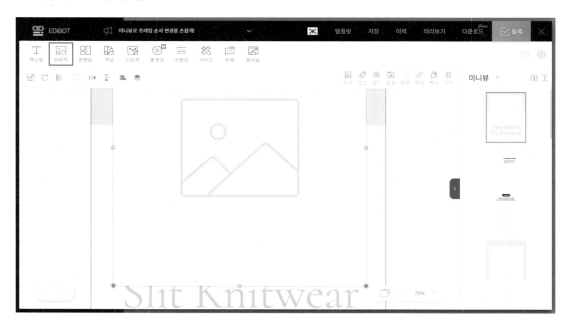

06 면 색상을 변경하고 싶은 경우, 면을 선택한 후 나오는 컬러피커를 선택하고 색상을 변경하면 반영되는 것을 확인할 수 있습니다.

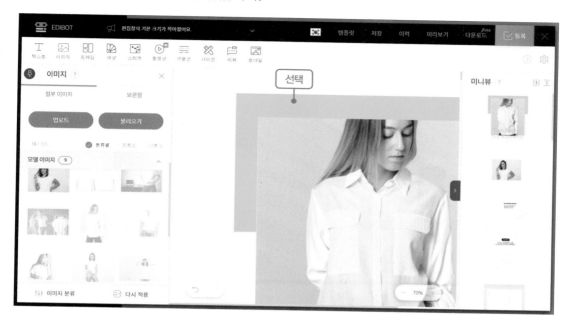

07 미니뷰를 클릭하면 상세페이지의 전체 뷰를 영역별로 간략하게 미리보기 할 수 있습니다.

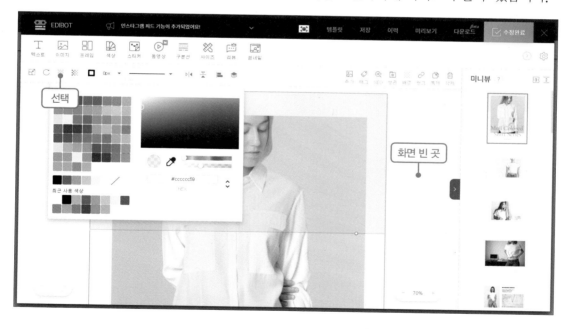

08 화면 빈 곳의 아무데나 선택하면 컬러피커 편집창이 사라집니다.

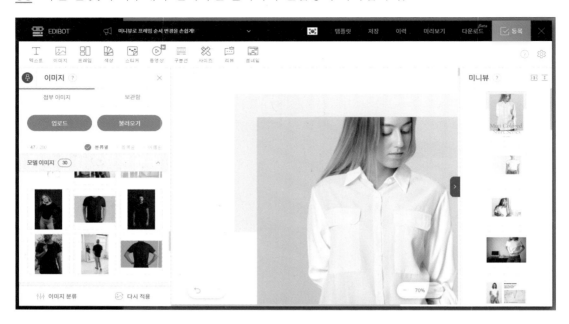

09 빈 그림 템플릿을 하나하나씩 선택한 후 업로드한 이미지 파일을 선택하여 알맞게 이미지를 배치하여 상세페이지를 완성합니다.

10 우측 상단의 [다운로드]를 클릭하면 영역별로 다운로드를 할 수 있습니다.

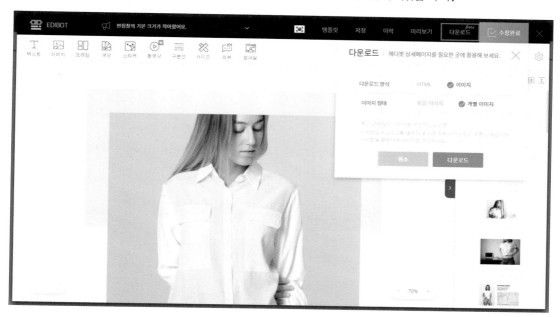

11 최종 완료되었다면 [등록] 버튼을 클릭합니다.

12 [쇼핑몰 화면 진열보기]를 클릭하여 확인합니다.

	No	상품구분	상품코드	상품명	판매가	할인가	모바일 할인가
☐	5	기본상품	P000000N	무지 컬러 셔츠 시리즈 상품 상세보기 쇼핑몰화면 진열보기	10,000	10,000	10,000

13 언제든 [상품 상세보기]를 클릭한 후 [에디봇 수정하기]를 클릭하여 상품 상세이미지를 수
정할 수 있습니다.

5	기본상품	P000000N	무지 컬러 셔츠 시리즈 상품 상세보기 쇼핑몰화면 진열보기	10,000	10,000	10,000

에디봇 상세페이지 템플릿 미리보기

〈식품류〉

PART 4

〈패션의류–여성의류〉

〈패션의류–남성의류〉

〈유아동〉

〈생활용품〉

〈반려동물/기타〉

〈스포츠/레져〉

cafe24 smart design

chapter

07 앱 아이콘 만들기

01 [앱]–[마이앱]–[에디봇 배너]에서 [관리하기]를 클릭합니다. [나의 작업]–[새로 시작하기]를 클릭한 다음, 사이즈를 1024×1024로 변경하고 [적용하기]를 클릭합니다. [스티커]–[텍스트]–[기본]–[제목을 추가]를 클릭한 후 문구를 수정합니다.

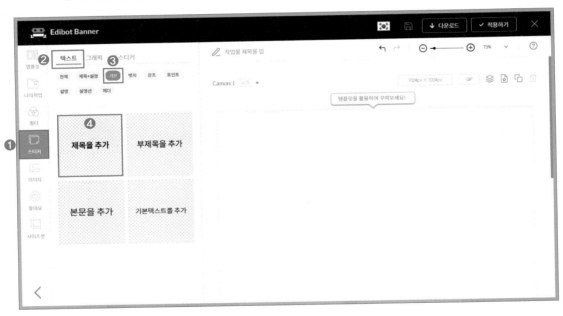

<u>02</u> [스티커]-[그래픽]-[강조]에서 템플릿을 하나 선택하여 색상을 변경한 후, [다운로드] 합니다.

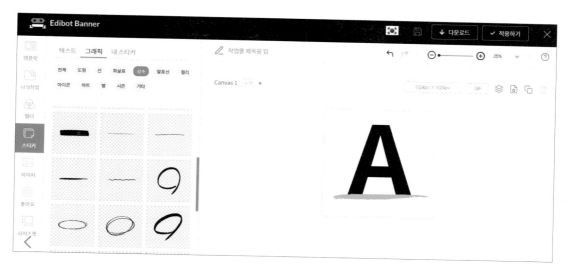

<u>03</u> 완성된 앱 아이콘은 [쇼핑몰 설정]-[기본설정]-[검색엔진 최적화(SEO)]-[파비콘]에 등록할 수 있습니다.

스마트 디자인 Easy에는
현재 5가지의 디자인 템플릿(아키테이블, 애쉬프레임, 오우이, 캠퍼타운, 커먼셀렉트)이
무료 제공됩니다.
이 중에서 많이 사용되는
오우이 템플릿을 이용한 반응형 쇼핑몰을 만드는 과정을
살펴보기로 합니다.

PART

05

스마트 디자인 Easy 오우이 반응형을 이용한 농수산물 쇼핑몰 만들어보기

카페24 쇼핑몰에서 제공하는 무료 템플릿인 오우이 반응형 쇼핑몰 템플릿을 활용하여 농수산물의 식품류 쇼핑몰을 만들어보겠습니다. 카페24 쇼핑몰에서 제공하는 템플릿을 활용하면 간편하고 빠르게 나만의 독립적인 쇼핑몰을 디자인할 수 있습니다. 그 중에서 스마트 디자인 Easy를 활용하면 초보자에게 보다 직관적이면서 편리한 작업환경을 제공하여 원하는 수정 작업을 더욱 빠르게 할 수 있는 장점이 있습니다. PART5에서는 오우이 디자인을 이용하여 하나의 쇼핑몰 형태를 완성해가는 과정을 담아보았습니다. 제작 전에 쇼핑몰 기획서 및 필요한 이미지를 미리 준비하면 제작시간을 단축시킬 수 있습니다.

○ 쇼핑몰 기획서

❶ 상호는?	ATIOfarm
❷ 어떤 컨셉으로 만들 것인가?	모던, 심플하게
❸ 상품 구성은 어떻게 할 것인가(아이템)?	농산물, 수산물, 축산물, 가공식품 등
❹ 카테고리?	농산물(채소, 과일), 축산물, 수산물(생선, 해산물, 건어물), 가공식품(차, 요구르트), 건강즙, 1+1
❺ 메인 슬라이드 문구?	농산물, 수산물, 축산물, 가공식품 등
❻ 기획전?	다이어트 식품모음전, 간편조리 식품모음, 초특가 반찬고민 해결

직접 촬영한 사진 또는 무료 디자인 사이트에서 필요한 이미지를 미리 준비합니다.

○ 필요한 이미지

◆ 메인 슬라이드 이미지 : 3장 이상
◆ 기획전 배너 이미지 : 3장 이상
◆ 스마트 배너 이미지 : 1장 이상
◆ 상품 목록 이미지 : 8장 이상

cafe24 smart design

chapter

01 | 오우이 디자인 추가하기

<u>01</u> [디자인(PC/모바일)]–[디자인 보관함] 메뉴에서 [기본 디자인 추가] 버튼을 클릭하여 오우이 디자인을 추가합니다.

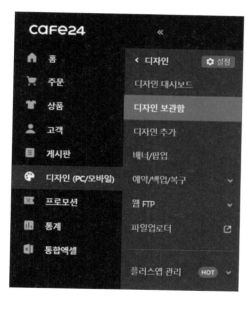

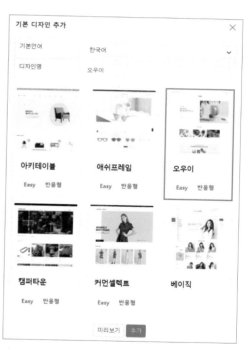

<u>02</u> 잠시 후 [디자인 보관함] 메뉴를 다시 클릭하면 디자인 보관함 목록에 오우이 디자인이 추가된 것을 확인할 수 있습니다. 오우이 디자인 목록에 있는 [편집] 버튼을 클릭한 후 스마트 디자인 Easy 편집창을 활용하여 쇼핑몰 꾸미기를 시작하면 준비가 완료됩니다.

chapter

02 상단 영역 변경하기

---

01 **로고 변경하기**

<u>01</u> 로고가 있는 헤더 영역을 클릭하면 자동으로 왼쪽에 있는 헤더 메뉴가 선택됩니다.

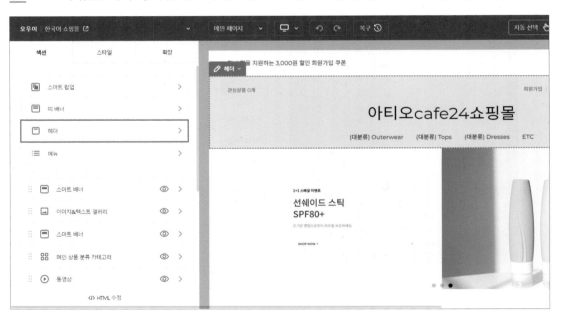

02 레이아웃은 1단 기본형을 선택하고 로고 메뉴를 클릭합니다.

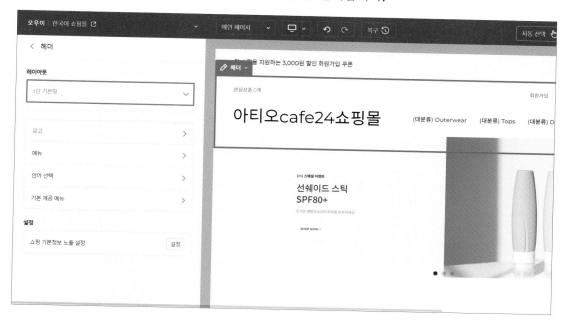

03 하단에 있는 [직접등록] 버튼을 클릭합니다.

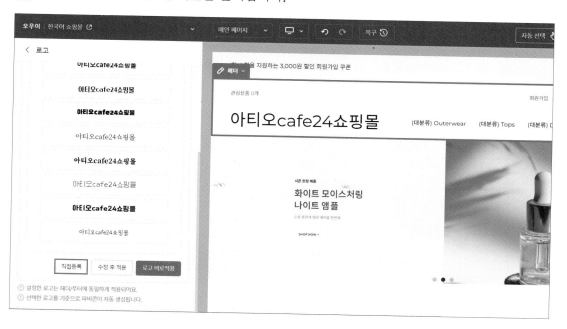

04 [간편하게 로고 만들기] 버튼을 클릭합니다.

05 작업창에 있는 문구를 클릭하면 원하는 문구로 바꿀 수 있습니다. 'ATIOfarm'이라고 변경해 보겠습니다.

<u>06</u> 왼쪽 컨트롤 패널 메뉴에서 [스티커] 메뉴를 클릭하고 [그래픽] 탭을 클릭 후 데코할 선 모양을 선택하겠습니다.

<u>07</u> 선을 선택한 후 색상을 변경하고, 글자 끝에 약간 겹치도록 배치한 후 한칸 뒤로 배치하겠습니다.

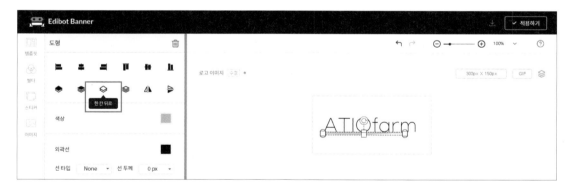

08 사이즈를 글자 크기에 맞게 300px×100px 로 적용하고 화면에 [맞추기] 합니다.

09 다음과 같이 로고 이미지가 변경되었습니다.

01 다시 작업창 영역의 헤더 영역을 클릭한 후 카테고리 변경을 위해 [메뉴]를 클릭합니다.

02 스마트 디자인 Easy의 메뉴는 상품 분류뿐만 아니라 커뮤니티, 개별 상품, 외부 URL 예를 들어 SNS 운영 시 운영하는 SNS 계정 등의 링크로 구성할 수 있도록 되어 있습니다. 기본 메뉴에서는 관리자 모드의 정해진 상품 분류를 매칭시키는 기능만 있기 때문에 먼저 상품 분류 관리에서 없는 상품 분류군을 만들어서 메뉴 연결을 해주어야 합니다. 왼쪽 컨트롤 패널 메뉴 아래에 있는 [상품 분류 관리]를 클릭합니다.

03 연필 모양을 클릭하면 바로 문구를 수정하여 메뉴를 수정할 수 있습니다.

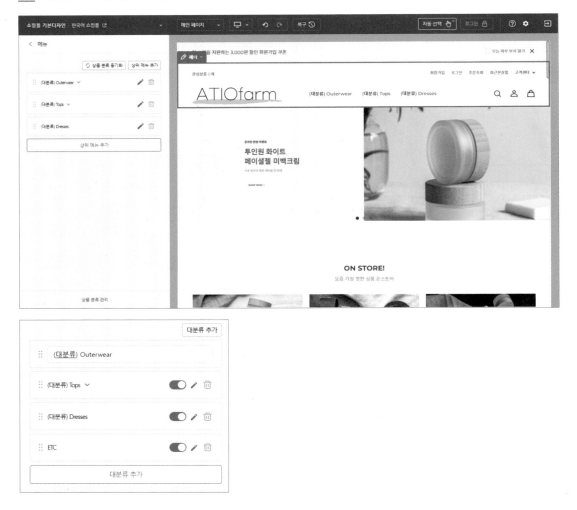

04 [대분류 추가] 버튼을 클릭하면 '새분류'가 나타
납니다. 동그란 아이콘을 클릭하여 파란색으로
활성화시키면 화면에 나타나고, 연필 모양을 클
릭 후 메뉴명을 수정할 수 있습니다.

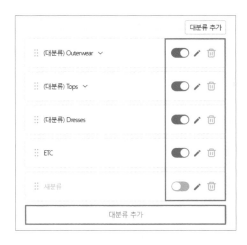

05 또한 해당 대분류를 클릭하면 아래 해당 대분류의 하위분류 추가 메뉴가 나타나고, 이를 클릭하면 하위분류를 만들 수 있습니다. 휴지통 모양을 클릭하면 메뉴가 삭제됩니다.

06 앞에서 만들어둔 쇼핑몰 기획서 카테고리를 참고하여 메뉴를 수정한 다음, 완료하였으면 [×]를 클릭합니다.

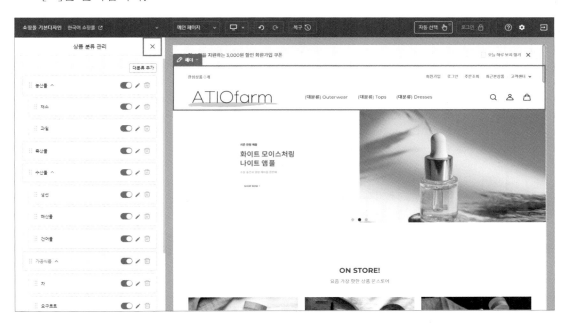

07 [상품 분류 동기화] 버튼을 클릭합니다.

08 '현재의 상품 분류를 기준으로 직접 관리 메뉴를 동기화하시겠어요? 동기화할 경우 메뉴의 변경 사항이 초기화되어요.'라는 문구가 뜹니다. [확인] 버튼을 클릭합니다.

09 상품분류 메뉴(활성화 상태)와 메뉴 구성이 동일해졌습니다.

10 추가로 상품 Q&A를 상단 메뉴에 추가해 보겠습니다. [상위 메뉴 추가] 버튼을 클릭합니다.
[게시판] 탭을 클릭하고 [상품 Q&A] 게시판을 클릭한 후 [적용]을 클릭합니다.

11 결과 화면입니다.

cafe24 smart design

chapter
03 본문 영역 변경하기

01 메인 슬라이드

__01__ 편집창에서 스마트 배너 영역을 클릭합니다.

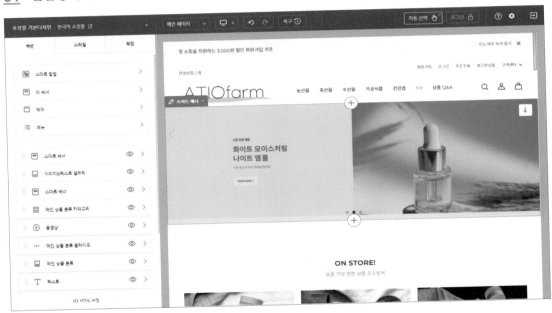

02 PC형 이미지는 1920×600 모바일은 720×600입니다. 오우이 반응형 템플릿 디자인은 기
기별 최적화를 위하여 해당 사이즈를 참고하여 제작하는 것이 좋습니다. 완료 후 결과 화
면을 각 기기에서 테스트하시기 바랍니다. 첫번째 이미지를 클릭합니다.

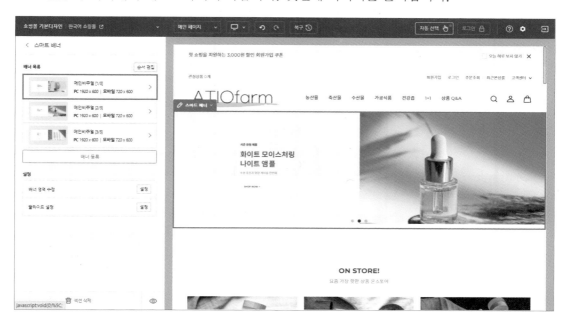

03 [간편하게 배너 제작]을 클릭합니다. 기존의 이미지는 [×]를 눌러 삭제합니다.

04 템플릿을 활용하면 쉽게 메인 슬라이드 이미지를 제작할 수 있습니다. 좌측 패널에서 마음에 드는 템플릿을 하나 선택합니다.

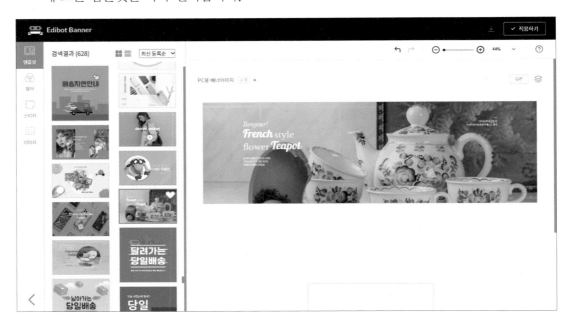

05 템플릿의 이미지를 선택하면 좌측 패널에 [이미지 변경] 메뉴가 나타납니다. 클릭 후 준비된 이미지를 업로드하여 변경합니다.

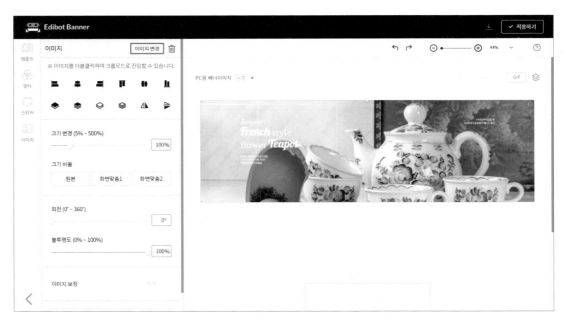

06 문구를 변경하고 적절하게 크기를 키웁니다.

07 스크롤을 내려 화면 영역을 클릭하면 모바일 배너 작업창이 활성화됩니다.

<u>08</u> PC용 배너와 마찬가지로 템플릿을 선택하거나 이미지를 업로드한 후 텍스트를 추가하여 모바일용 배너 이미지를 완료합니다. 여기서는 이미지를 업로드하여 배치한 후 크기를 확대하여 화면 맞춤으로 우선 배치하였습니다.

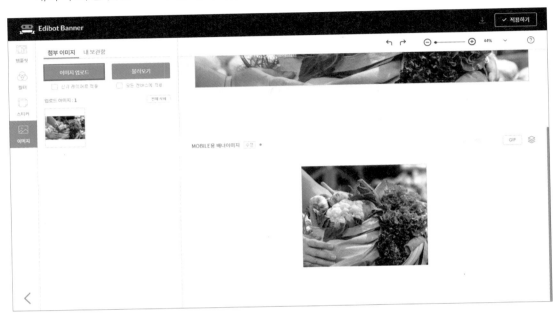

<u>09</u> PC용 배너 이미지에서 Ctrl 키를 누른 상태에서 텍스트 요소를 클릭한 후 Ctrl + C (복사하기)합니다.

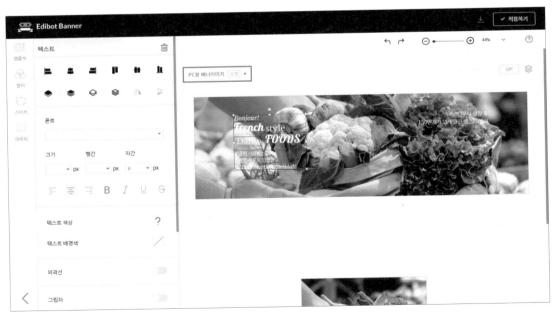

<u>10</u> 아래 모바일용 배너 이미지 작업창을 선택 후 Ctrl + V (붙이기)합니다. 그리고 클릭 드래 그하여 적당한 위치에 배치합니다. 그러면 텍스트를 추가하여 새로 작성하는 것보다 제작 시간을 훨씬 단축시킬 수 있습니다. 완료되었으면 우측 상단의 [적용하기]를 클릭합니다.

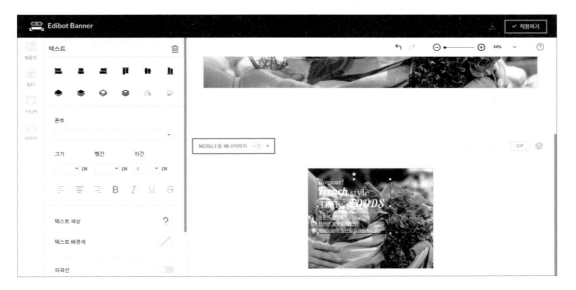

<u>11</u> 그리고 반드시 좌측 하단의 [적용] 버튼을 누릅니다. 그래야 쇼핑몰 화면에 반영이 되며, 추 후에 위 내용을 언제든 다시 열어 편집할 수 있습니다. [적용]을 누르지 않으면 해당 화면이 사라지고 작업했던 내용이 저장되지 않고 모두 초기화됩니다.

12 두 번째, 세 번째 메인 슬라이드 이미지도 템플릿을 활용하여 첫 번째 메인 슬라이드 변경 방법과 같은 방법으로 이미지 및 텍스트 문구 변경을 완료합니다.

13 로고와 메인 슬라이드 사이의 간격을 넣고 싶다면 로고와 슬라이드 사이에 마우스 커서를 위치시킨 후 간격이 나타날 때 수치값을 입력하면 간격이 생깁니다.

02 이미지&텍스트 갤러리(기획전)

01 이미지&텍스트 갤러리 섹션을 선택한 다음, 좌측 패널에서 첫번째 이미지를 클릭합니다.

02 [간편하게 이미지 편집]을 클릭합니다.

03 [이미지]−[이미지 업로드]를 클릭하여 준비한 이미지를 업로드한 후 우측 상단의 [적용하기]를 클릭합니다.

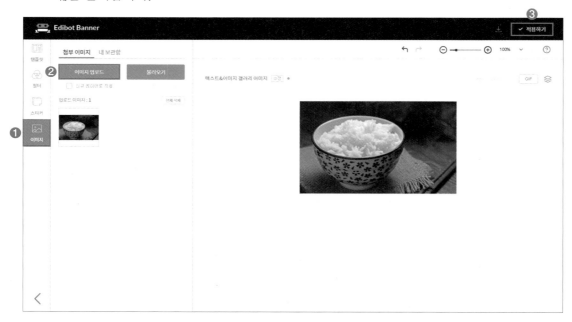

04 타이틀을 수정하면 수정된 내용이 우측 화면에 실시간으로 반영됩니다. 링크 연결을 위해 링크 아래의 [편집]을 클릭합니다. [기획전] 탭을 클릭하고 '기획전 관리 바로가기'를 클릭합니다.

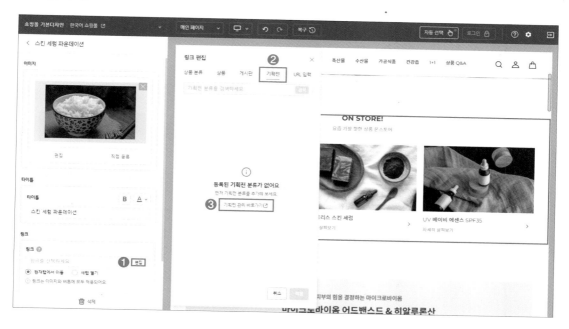

05 [대분류추가]를 클릭한 다음 '다이어트 식품모음전', '간편조리식품모음', '초특가반찬고민해결'을 차례대로 추가합니다.

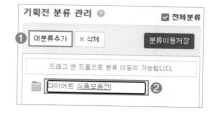

06 [표시상태]는 '표시함'에 체크한 후 하단에 [저장]을 클릭합니다.

07 창을 닫고 다시 링크 아래의 [편집]을 클릭한 후 [기획전] 탭을 클릭하면 추가한 기획전들이 나타납니다.

08 '다이어트 식품모음전'를 선택한 다음, [적용]을 클릭합니다.

09 '＜'를 클릭하여 이전 화면으로 돌아간 다음 두 번째, 세 번째 이미지도 같은 방법으로 변경해줍니다.

10 결과 화면입니다.

03 스마트 배너

01 [스마트 배너] 섹션을 클릭한 후 좌측에서 이미지를 클릭합니다.

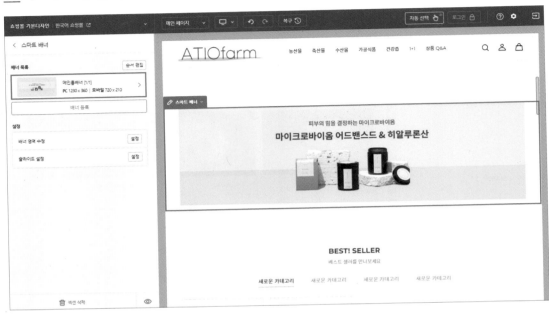

02 [간편하게 배너 제작]을 클릭합니다. [이미지]−[이미지 업로드]를 클릭 후 업로드한 이미지를 화면에 배치시키고 조절점을 드래그하여 크기를 조절합니다.

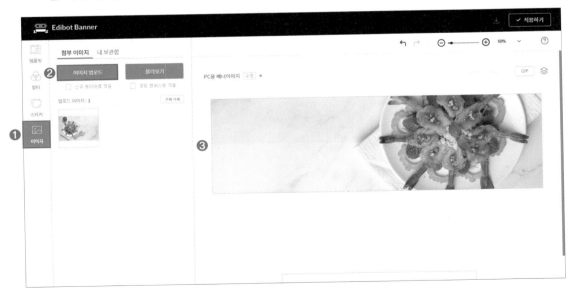

03 [스티커]−[텍스트]−[제목을 추가]를 클릭하여 문구를 변경하고 글꼴, 크기를 변경합니다.

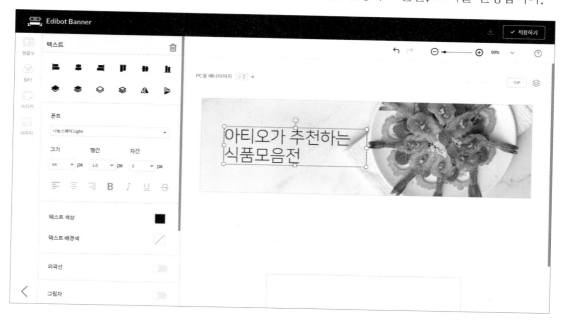

04 스크롤을 내려 모바일 배너 작업 영역을 활성화시킨 다음, PC 배너와 마찬가지로 이미지를 배치하고, 제목을 추가한 후 글꼴, 크기를 변경합니다. 완료 후 우측 상단의 [적용하기]를 클릭합니다.

05 [적용]을 클릭하여 화면에 반영합니다.

01 [메인 상품 분류 카테고리] 섹션을 클릭한 다음, 레이아웃을 이미지강조4단형(PC 4열/MOBILE 2열)으로 변경합니다(원하시는 레이아웃으로 변경할 수 있습니다). 첫 번째 [새로운 카테고리]를 클릭합니다.

02 메인 상품 분류 아래의 '추천상품'을 확장하여 연필 모양을 클릭하고 분류명을 차례대로 변경합니다.

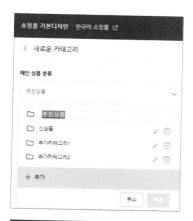

03 그리고 상품별로 카테고리명을 변경합니다.

04 나머지 카테고리명도 변경해줍니다. 기본으로 4개의 카테고리가 세팅되어 있으므로 4개 이상의 카테고리는 [추가] 버튼을 눌러 변경합니다.

01 관리자 모드에서 [상품]−[상품목록]을 클릭한 다음, 개별 상품을 체크한 후 복사합니다. 그리고 상품 한 개를 클릭합니다.

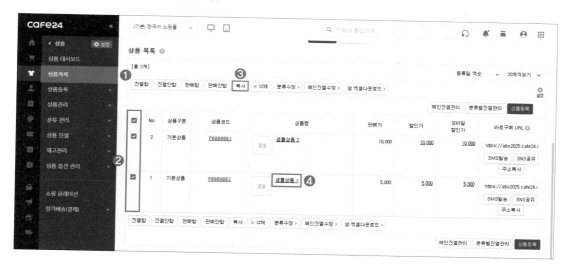

02 [이미지정보] 탭을 클릭하고 '대표이미지등록'에 체크한 후 이미지를 업로드합니다. 추가 이미지가 있으면 [이미지 추가하기]를 클릭하여 이미지를 추가합니다. 완료 후 [상품수정]을 클릭합니다.

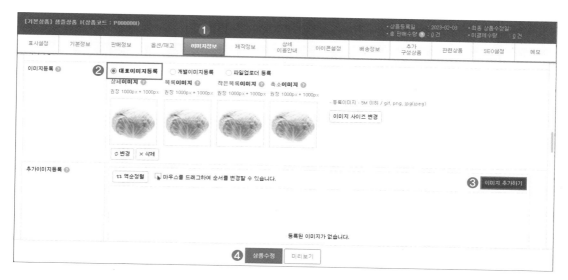

03 [같은 방법으로 나머지 상품 이미지를 업로드합니다. 이미지 업로드 전 [이미지 사이즈 변경]을 클릭하여 모두 1000×1000으로 변경을 권장합니다(마켓플러스 연동 시 오류 최소화를 위함).

06 사용하지 않은 영역 감추기

01 동영상 섹션을 클릭합니다. 우측 패널에서 눈 모양을 클릭하면 해당 섹션이 감추어집니다.

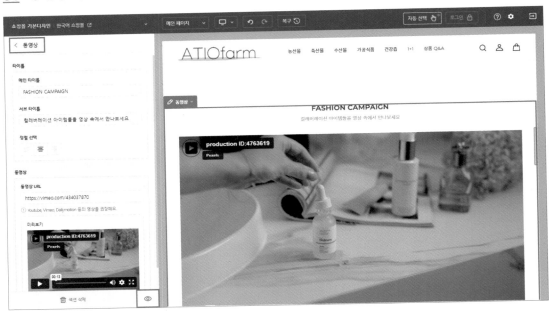

07 지도

01 [지도] 섹션을 클릭합니다.

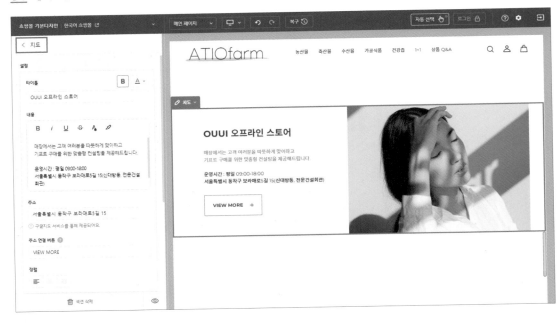

02 지도 이미지는 https://map.kakao.com에서 주소를 입력한 후 우측 상단에 [내보내기]-[이미지 저장하기(현재 화면 크기로 저장)]로 다운로드 받습니다.

03 패널의 스크롤을 내려 [간편하게 이미지 편집]을 클릭합니다.

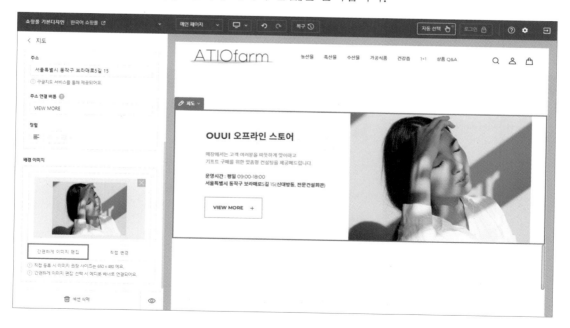

04 [이미지]–[이미지 업로드]에서 지도 이미지를 업로드하고, [스티커]–[그래픽]–[강조]에서
두번째 이미지를 추가한 후 색상을 변경합니다.

05 아이콘을 선택하면 색상을 변경할 수 있습니다.

06 완료되었다면 우측 상단에 [적용하기]를 클릭합니다. 언제든지 [편집]을 눌러 지도 이미지
및 아이콘 모양과 아이콘의 색상 등을 다시 수정할 수 있습니다.

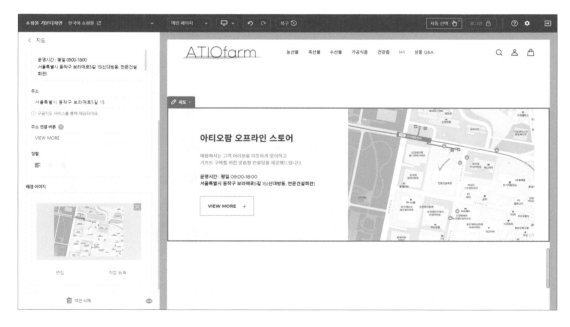

chapter 04 하단 영역 변경하기

하단 섹션 영역을 클릭합니다. 레이아웃은 총 세가지이며, 원하는 레이아웃으로 변경이 가능합니다.

○ 기본형

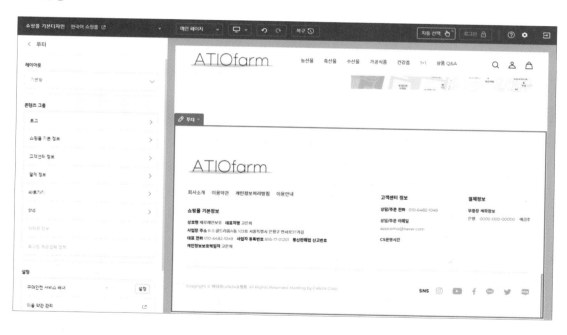

○ 좌우 반전형

○ 중앙형

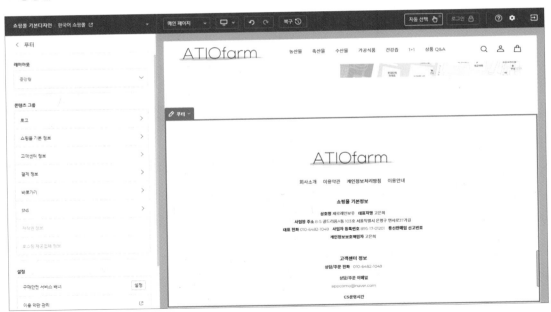

최종 결과 화면입니다.

▲ https://atio2025.cafe24.com

카페24 쇼핑몰에서 제공하는 무료 템플릿인
아이베이스 반응형 쇼핑몰 템플릿을 활용하여
패션의류 쇼핑몰을 만들어보겠습니다.
HTML 편집이 어느 정도 가능하다면 스마트 디자인 편집창을 활용하여
나만의 개성 있는 디자인 작업을 할 수 있다는 장점이 있습니다.

PART
06

스마트 디자인
아이베이스 반응형을 이용한
패션의류 쇼핑몰 만들어보기

PART6에서는 아이베이스 디자인을 이용하여 하나의 쇼핑몰 형태를 완성해가는 과정을 담아 보았습니다. 제작 전에 쇼핑몰 기획서 및 필요한 이미지를 미리 준비하면 제작 시간을 단축시킬 수 있습니다.

○ **쇼핑몰 기획서**

❶ 상호는?	ATIOmall
❷ 어떤 컨셉으로 만들 것인가?	모던, 심플하게
❸ 상품 구성은 어떻게 할 것인가(아이템)?	패션의류, 액세서리 등
❹ 카테고리?	아우터(코트, 점퍼), 셔츠(후드, 셔츠, 나시), 원피스, 가방, 액세서리(선글라스, 신발, 머플러), 1+1
❺ 메인 슬라이드 문구?	아티오가 추천하는 데일리코디 상품 ATIOmall Daily CODI ITEM
❻ 기획전?	Handmade Products, High Quality Shoes, Fashion Collection

직접 촬영한 사진 또는 무료 디자인 사이트에서 필요한 이미지를 미리 준비합니다.

○ **필요한 이미지**

◆ 메인 슬라이드 이미지 : 3장 이상
◆ 기획전 배너 이미지 : 3장 이상
◆ 스마트 배너 이미지 : 1장 이상
◆ 상품 목록 이미지 : 8장 이상

cafe24 smart design

chapter 01 | 아이베이스 디자인 추가하기

<u>01</u> [디자인(PC/모바일)]–[디자인 추가]에서 '반응형', '무료'에 체크한 다음, 아이베이스 반응형의
[디자인 상세보기]를 클릭합니다.

반응형
아이베이스 반응형
무료

02 [디자인 추가] 버튼을 클릭합니다.

03 잠시 후 [디자인 보관함] 메뉴를 다시 클릭하면 디자인 보관함 목록에 아이베이스 디자인이 추가된 것을 확인할 수 있습니다. 아이베이스 디자인 목록에 있는 [편집] 버튼을 클릭한 다음, 스마트 디자인 편집창을 활용하여 쇼핑몰 꾸미기를 시작하면 준비가 완료된 상태입니다.

chapter 02 상단 영역 변경하기

01 로고 변경하기

01 PART4의 'Chapter 01. 로고 만들기'를 참조하여 로고를 만듭니다. [스티커]–[텍스트]–[제목을 추가]를 이용해 문구를 입력하고, '카페24써라운드에어' 글꼴, 100px 크기로 수정 후 캔버스 사이즈를 600×150으로 변경하여 맞추기 합니다. 작업명을 'logo'로 쓴 후 디스켓 모양을 눌러 저장하고 [다운로드] 버튼을 눌러 png로 내려받습니다.

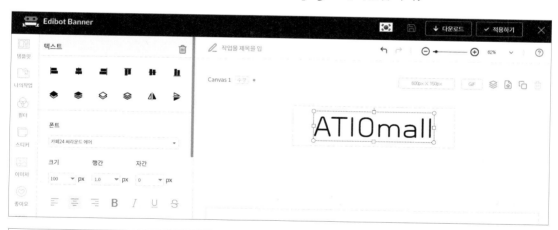

02 관리자 모드에서 [디자인]–[파일업로드]를 클릭합니다.

03 /web/upload/logo 폴더를 선택 후 [Add Files] 버튼을 클릭하여 logo.png를 선택합니다. 그
런 다음 [Start Upload]를 클릭합니다.

04 Logo.png가 업로드 되었으면 해당 줄 주소복사란의 [복사]를 클릭합니다.

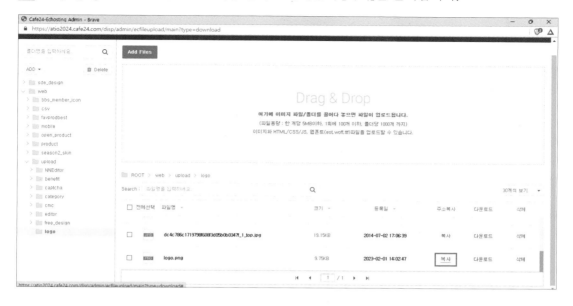

05 [디자인(PC/모바일)]−[디자인 보관함]의 아이베이스 반응형의 [편집]을 클릭하고, 로고 영역의 [편집]을 클릭합니다.

```
<a href="/index.html">아이베이스</a>
```

▲ 변경 전

```
<a href="/index.html"><img src="https://atio2024.cafe24.com/web/upload/
logo/logo.png"></a>
```

▲ 변경 후

06 결과 화면입니다.

07 HTML 소스창 40행의 logotop.css 파일을 엽니다.

```
<!--@css(/css/module/layout/logotop.css)--> [파일열기]
```

08 5,12번 행의 max-height:21px; 값을 조절합니다.

```
.xans-layout-logotop img { max-width:800px; max-height:21px; }
```

▲ 변경 전

```
.xans-layout-logotop img { max-width:800px; max-height:50px; }
```

▲ 변경 후

<u>09</u> 10번 행의 padding 값을 조절합니다. Padding 값은 시계 방향으로 안쪽 여백을 뜻합니다.

```
.xans-layout-logotop { width:800px; margin:0 auto; padding:53px 0 31px;
text-align:center; }
```

▲ 변경 전

```
.xans-layout-logotop { width:800px; margin:0 auto; padding:20px 0 0 0;
text-align:center; }
```

▲ 변경 후

<u>10</u> 결과 화면입니다.

25,000원 이상 구매시 무료배송 / 신규가입 시 3,000원 즉시 사용가능 쿠폰 증정   ✕

ATIOmall   JOIN   LOGIN   ORDER   CART

☰   (대분류) Outerwear   (대분류) Tops   (대분류) Dresses   🔍 👤 ♡

상단 카테고리는 상품 분류 관리와 동기화되어 있습니다. 그러므로 관리자 모드에서 변경해주면 자동으로 변경됩니다.

01 관리자 모드에서 [상품]–[분류 관리]–[상품 분류 관리]를 클릭합니다. [대분류 추가] 버튼을 클릭하면 새로운 대분류를 추가할 수 있습니다.

표시 상태를 '표시함' 하면 검색할 때 화면에 나타나게 됩니다. 메인 분류 표시 상태를 '표시함' 하면 상단 메뉴에 나타나게 됩니다. 그래서 대분류의 경우 표시 상태와 메인 분류 표시 상태 모두 '표시함'을 동시에 체크하고, 중분류의 경우 표시 상태만 '표시함'에 체크하는 것이 일반적입니다.

둘 다 '표시안함'에 체크한 경우 비활성 상태가 되며, 검색해도 화면에 나타나지 않습니다. 해당 대분류를 선택한 후 [+]를 클릭하면 중분류가 생성됩니다.

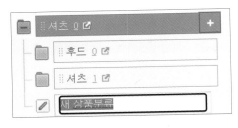

02 사용하지 않는 대분류는 선택 후 [삭제] 버튼을 눌러 삭제할 수 있습니다.

03 드래그앤 드롭으로 분류의 위치를 쉽게 변경할 수 있습니다. 변경 후 [분류이동저장] 버튼
을 눌러 적용시킵니다.

(대분류) Outerwear, (대분류) Tops, (대분류) Dresses

표시상태	◉ 표시함	○ 표시안함
메인분류 표시상태 ❓	◉ 표시함	○ 표시안함

(대분류) Bottoms, (대분류) Accessories

표시상태	◉ 표시함	○ 표시안함
메인분류 표시상태 ❓	○ 표시함	◉ 표시안함

04 PART3의 'Chapter 02. 쇼핑몰 기획서'를 참고하여 카테고리를 변경합니다.

05 결과 화면입니다.

chapter 03
본문 영역 변경하기

01 메인 슬라이드

01 PART4의 'Chapter 03. 스마트 배너 만들기'에서 만든 소스 코드를 복사합니다.

```
<!--@import(/smart-banner/shop1/smart-banner-admin-PC00001.html)-->
```

02 스마트 디자인 편집창을 열고 메인 슬라이드 영역을 선택한 다음, [편집]을 클릭합니다.

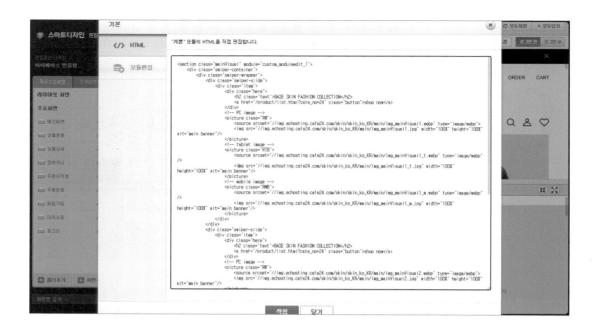

03 소스 영역 안의 소스를 모두 지우고 복사한 소스로 대체합니다.

PART 06 스마트 디자인 아이베이스 반응형을 이용한 패션의류 쇼핑몰 만들어보기

04 [저장]을 클릭합니다. 저장 전에는 탭 모양이 주황색이다가, 저장이 완료되면 검정색으로
바뀝니다.

▲ 저장 전   ▲ 저장 후

05 결과 화면입니다.

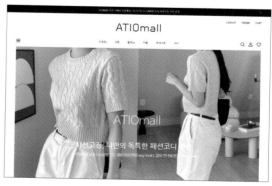

▲ 변경 전   ▲ 변경 후

PART4의 'Chapter 02. 배너 만들기'를 참고하여 이미지 배너 3개를 만듭니다. 이미지 사이즈는 400×220으로 만듭니다. 쇼핑몰 기획서를 참고하여 각각 문구는 'Handmade Products', 'High Quality Shoes', 'Fashion Collection'을 넣습니다.

01 [앱]-[마이앱 관리]-[에디봇 배너]에서 [관리하기]를 클릭합니다. 이어서 [나의 작업]-[새로 시작하기]를 클릭합니다.

[이미지]-[이미지 업로드]를 클릭하여 준비한 이미지를 업로드한 다음, 캔버스 사이즈를 400×220으로 변경 후 [적용하기]를 클릭합니다.

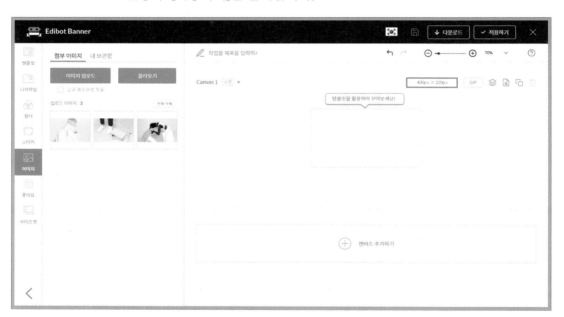

02 이미지를 선택하면 작업 영역에 이미지가 자동으로 배치됩니다. 크기 변경의 조절점을 드래그하여 확대한 후 화면 맞춤을 클릭하여 화면에 꽉 채웁니다.

[스티커]–[텍스트]–[제목을 추가]를 클릭하고 문구를 추가합니다. 'Handmade Products'라고 변경한 다음, 우측 상단에 [다운로드]를 클릭합니다.

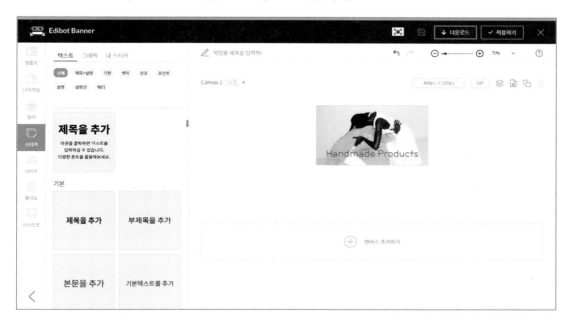

03 이미지를 선택한 후 이미지와 문구를 변경하고, 두 번째 배너 이미지를 다운로드합니다. 세 번째 이미지도 마찬가지로 이미지와 문구를 변경하고 다운로드합니다.

각각의 이름을 banner1.png, banner2.png, banner3.png로 저장합니다.

04 [디자인(PC/모바일)]-[파일 업로더]를 클릭한 다음, /web 폴더, /upload 폴더를 차례대로 클릭합니다. 상단에 있는 [ADD] 드롭다운 메뉴를 클릭 후 하위 폴더를 클릭합니다.

05 생성된 하위 폴더명을 'img'라고 입력합니다.

06 [Add Files]를 클릭하고 banner1.png, banner2.png, banner3.png를 업로드합니다. 그리고 [Start Upload]를 클릭합니다.

07 각각 주소를 메모장에 복사해 놓습니다. 메모장은 [시작]-[실행]에서 '메모장'을 검색하면 실행할 수 있습니다.

08 각각의 이미지 주소 경로는 다음과 같습니다.

banner1.png : https://atio2024.cafe24.com/web/upload/img/banner1.png

banner2.png : https://atio2024.cafe24.com/web/upload/img/banner1.png

banner3.png : https://atio2024.cafe24.com/web/upload/img/banner3.png

스마트 디자인 편집창을 열고 메인 슬라이드 아래 각각의 배너를 선택한 다음, [편집]을 클릭한 후 소스를 대체시킵니다.

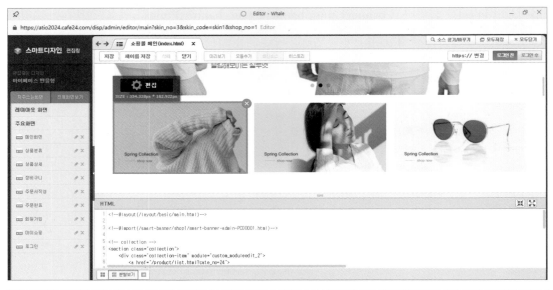

```
<div class="collection-item" module="custom_moduleedit_2">
    <a href="/product/list.html?cate_no=24">
        <picture>
            <source srcset="//img.echosting.cafe24.com/skin/skin_ko_
KR/main/img_collection1.webp" type="image/webp">
            <img src="//img.echosting.cafe24.com/skin/skin_ko_KR/
main/img_collection1.jpg" width="100%" height="100%" alt="banner1">
        </picture>
    </a>
</div>
```

▲ 변경 전

```
<div class="collection-item" module="custom_moduleedit_2">
        <a href="/product/list.html?cate_no=24">
            <picture>
                <source srcset="https://atio2024.cafe24.com/web/upload/
img/banner1.png" type="image/webp">
                <img src="https://atio2024.cafe24.com/web/upload/img/ban-
ner1.png" width="100%" height="100%" alt="banner1">
            </picture>
        </a>
    </div>
```

▲ 변경 후

<u>09</u> 나머지 두 번째, 세 번째 배너 이미지도 변경해 줍니다.

○ 두 번째 배너 소스

```
<div class="collection-item" module="custom_moduleedit_3">
        <a href="/product/list.html?cate_no=24">
            <picture>
                <source srcset="//img.echosting.cafe24.com/skin/skin_ko_
KR/main/img_collection2.webp" type="image/webp">
                <img src="//img.echosting.cafe24.com/skin/skin_ko_KR/
ma"n/img_collection2.jpg" width="100%" height="100%" alt="banner2">
            </picture>
        </a>
    </div>
```

▲ 변경 전

```
<div class="collection-item" module="custom_moduleedit_3">
        <a href="/product/list.html?cate_no=24">
            <picture>
                <source srcset="https://atio2024.cafe24.com/web/upload/
img/banner2.png" type="image/webp">
                <img src="https://atio2024.cafe24.com/web/upload/img/ban-
ner2.png" width="100%" height="100%" alt="banner2">
            </picture>
        </a>
    </div>
```

▲ 변경 후

○ 세 번째 배너 소스

```html
<div class="collection-item" module="custom_moduleedit_4">
        <a href="/product/list.html?cate_no=24">
            <picture>
                <source srcset="//img.echosting.cafe24.com/skin/skin_ko_
KR/main/img_collection3.webp" type="image/webp">
                <img src="//img.echosting.cafe24.com/skin/skin_ko_KR/
main/img_collection3.jpg" width="100%" height="100%" alt="banner3">
            </picture>
        </a>
    </div>
```

▲ 변경 전

```html
<div class="collection-item" module="custom_moduleedit_4">
        <a href="/product/list.html?cate_no=24">
            <picture>
                <source srcset="https://atio2024.cafe24.com/web/upload/
img/banner3.png" type="image/webp">
                <img src="https://atio2024.cafe24.com/web/upload/img/ban-
ner3.png" width="100%" height="100%" alt="banner3">
            </picture>
        </a>
    </div>
```

▲ 변경 후

10 결과 화면입니다.

▲ 변경 전

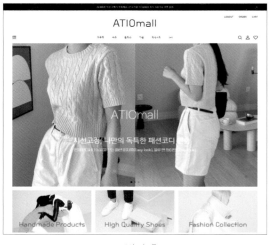

▲ 변경 후

01 관리자 모드에서 [상품]–[상품목록]을 클릭한 다음, 개별 상품을 체크한 후 복사합니다. 두 번 반복하여 총 8개를 만듭니다. 그리고 상품 한 개를 클릭합니다.

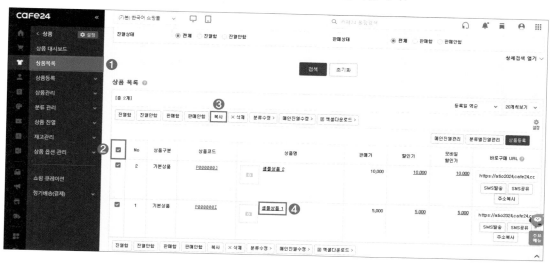

02 [이미지정보] 탭을 클릭하고 '대표이미지등록'에 체크한 후 이미지를 업로드합니다. 추가 이미지가 있으면 [이미지 추가하기]를 클릭하여 이미지를 추가합니다. 완료 후 [상품수정]을 클릭합니다. 같은 방법으로 나머지 상품 이미지를 업로드합니다. 이미지 업로드 전 [이미지 사이즈 변경]을 클릭하여 모두 1000×1000으로 변경을 권장합니다(마켓플러스 연동 시 오류 최소화를 위함).

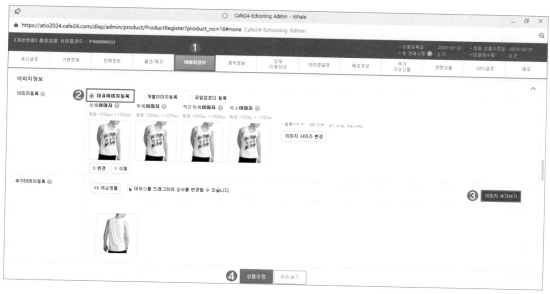

04 상품 분류 카테고리

01 메인 화면에 있는 카테고리를 관리하는 방법입니다. [상품]–[메인 진열]을 클릭한 다음, 추천상품 옆의 [메인분류 관리]를 클릭합니다. '추가 카테고리1'은 세일상품, '추가 카테고리2'는 코디상품으로 수정합니다. [추가] 버튼을 눌러서 3가지 분류를 더 추가합니다.

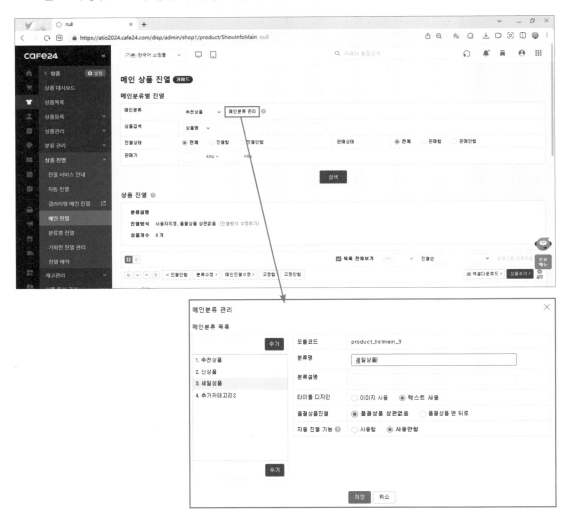

02 메인 추천상품 진열 방법입니다. 이 방법을 참고하여 신상품, 세일상품, 코디상품, 세트상품, MD추천, 이달의 추천 카테고리도 동일하게 적용하면 됩니다. [상품]–[메인진열]에서 메인분류를 추천상품으로 선택한 후 [검색]을 클릭합니다.

03 위 그림에서 [검색] 버튼 아래 우측에 있는 [상품 추가] 버튼을 누른 후 상품 목록에서 추천상품에 추가할 상품들을 선택하고 하단에 [선택]을 클릭합니다.

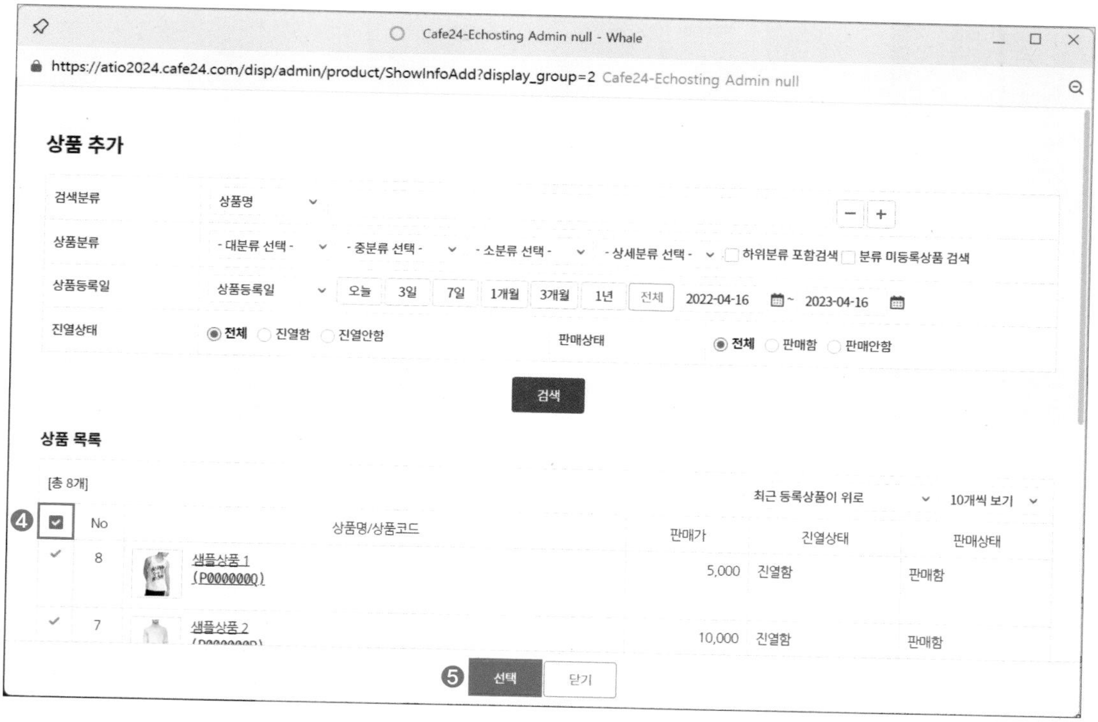

04 상품진열 목록에 상품이 진열된 것을 확인할 수 있습니다.

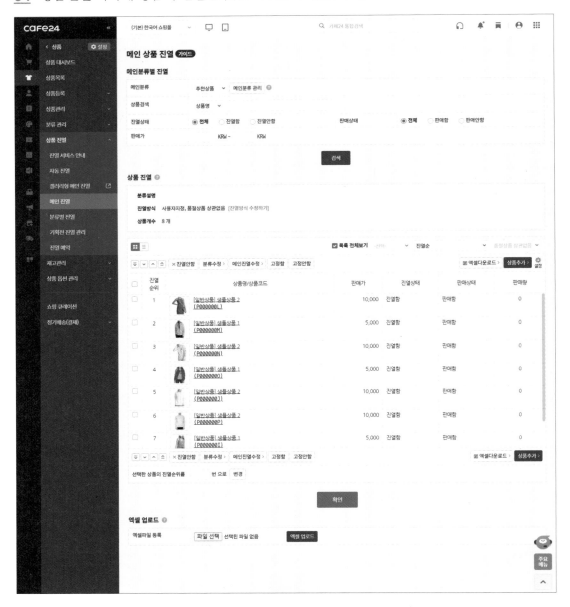

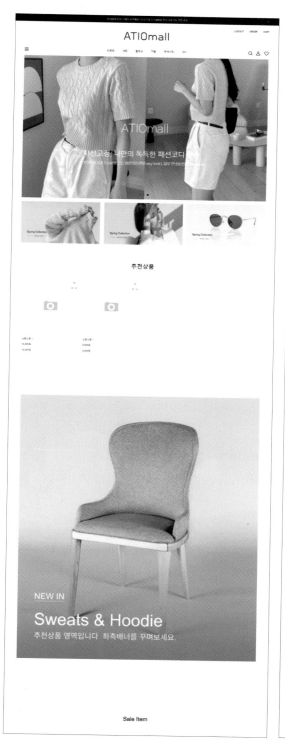

▲ 변경 전

▲ 변경 후

01 [앱]–[마이앱] 배너의 [관리하기]를 활용하여 좌측 배너를 만듭니다.

PART4의 'Chapter 02. 배너 만들기'를 참고합니다. 사이즈는 700×350으로 하고, 파일명
은 leftbanner.png로 한 후 파일 업로더의 /web/upload/img 폴더에 올립니다.

02 https://atio2024.cafe24.com/web/upload/img/leftbanner.png

스마트 디자인 편집창을 열고 좌측 배너를 선택한 후 [편집] 버튼을 클릭하고 이미지 주소
경로를 대체합니다.

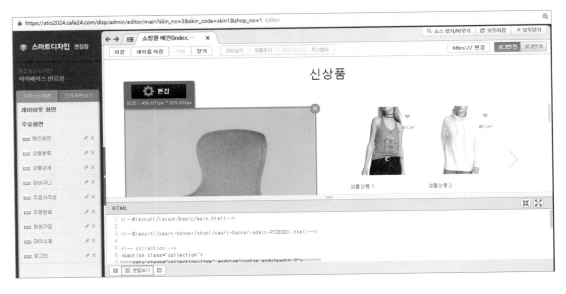

```
<div class="banner" module="custom_moduleedit_5">
        <picture>
            <source srcset="//img.echosting.cafe24.com/skin/skin_ko_
KR/main/img_newIn.webp" type="image/webp">
                <img src="//img.echosting.cafe24.com/skin/skin_
ko_KR/main/img_newIn.jpg" alt="banner" loading="lazy" width="100%"
height="100%">
        </picture>
    </div>
```

▲ 변경 전

```
<div class="banner" module="custom_moduleedit_5">
        <picture>
            <source srcset="https://atio2024.cafe24.com/web/upload/
img/leftbanner.png
">
                <img src="https://atio2024.cafe24.com/web/upload/img/
leftbanner.png
" alt="banner" loading="lazy" width="100%" height="100%">
        </picture>
    </div>
```

▲ 변경 후

06 비디오 영역

01 [디자인(PC/모바일)] > [디자인 편집]을 클릭하면 스마트 디자인 편집창이 열립니다. 쇼핑몰 메인 화면에서 스크롤을 내리면 이달의 추천 오른쪽 영역에 비디오플레이 아이콘이 표시된 비디오 영역이 있습니다. 마우스 오버하여 네모 영역 안을 선택하면 HTML 소스창에서 비디오 영역에 해당되는 곳으로 이동합니다.

02 우선 샘플로 제공된 비누 동영상을 대체하기 위해 다음 작업이 필요합니다. 유튜브에 계정을 만든 후 ▣ 를 클릭하여 동영상을 업로드하고, [공유] 버튼을 눌러 주소를 복사한 후 동영상 주소를 대체할 수 있습니다.

03 [퍼가기]를 클릭한 후 소스를 복사합니다.

04 기존의 소스에서 첫 줄과 마지막 줄만 제외하고 〈!-- 내용 --〉 주석 태그를 삽입한 후, 복사한 소스를 붙여넣습니다. width 값과 height 값을 모두 100%로 수정합니다.

```
<div class="banner" module="custom_moduleedit_6">
        <picture class="back">
            <source srcset="//img.echosting.cafe24.com/skin/skin_ko_
KR/main/bg_video.webp" type="image/webp">
            <img src="//img.echosting.cafe24.com/skin/skin_
ko_KR/main/bg_video.jpg" alt="banner" loading="lazy" width="100%"
height="100%">
        </picture>
        <video muted controls preload="auto" poster="//img.echost-
ing.cafe24.com/skin/skin_ko_KR/main/bg_video_thumb.jpg" class="linkVideo"
id="video">
            <source data-src="//img.echosting.cafe24.com/skin/skin_
ko_KR/main/video_special.mp4" type="video/mp4">
        </video>
    </div>
```

▲ 변경 전

```
<div class="banner" module="custom_moduleedit_6">
<!--            <picture class="back">
                <source srcset="//img.echosting.cafe24.com/skin/skin_ko_
KR/main/bg_video.webp" type="image/webp">
                <img src="//img.echosting.cafe24.com/skin/skin_
ko_KR/main/bg_video.jpg" alt="banner" loading="lazy" width="100%"
height="100%">
        </picture>
        <video muted controls preload="auto" poster="//img.echost-
ing.cafe24.com/skin/skin_ko_KR/main/bg_video_thumb.jpg" class="linkVideo"
id="video">
                <source data-src="https://youtu.be/qNErAszBG_E"
type="video/mp4">
        </video> -->
<iframe width="100%" height="100%" src="https://www.youtube.com/em-
bed/5YuIabLO3Hs" title="YouTube video player" frameborder="0" allow="-
accelerometer; autoplay; clipboard-write; encrypted-media; gyroscope;
picture-in-picture; web-share" allowfullscreen></iframe>
        </div>
```

▲ 변경 후

01 스마트 디자인 편집창에서 중간 배너 영역을 선택합니다.

PART4의 'Chapter 02. 배너 만들기'를 참고하여 중간 배너를 만듭니다. 사이즈는 1000 × 300으로 하고 파일명은 middlebanner.png로 한 후, 파일 업로더의 /web/upload/img 폴더에 올립니다.

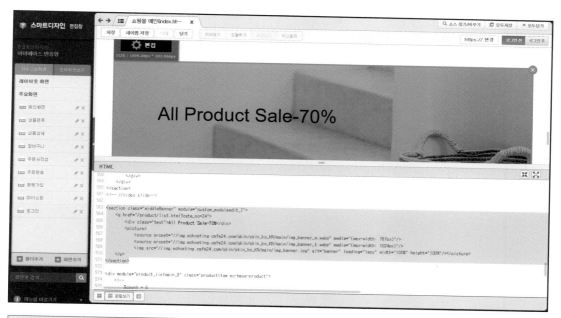

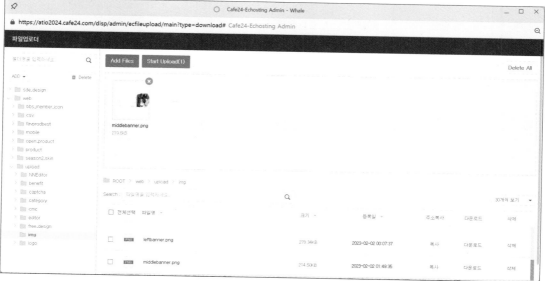

02 https://atio2024.cafe24.com/web/upload/img/middlebanner.png

이미지 소스 경로를 대체하고 [저장]을 클릭하여 반영합니다.

```html
<section class="middleBanner" module="custom_moduleedit_7">
    <a href="/product/list.html?cate_no=24">
        <div class="text">All Product Sale-70%</div>
        <picture>
            <source srcset="//img.echosting.cafe24.com/skin/skin_ko_KR/
main/img_banner_m.webp" media="(max-width: 767px)"/>
            <source srcset="//img.echosting.cafe24.com/skin/skin_ko_KR/
main/img_banner_t.webp" media="(max-width: 1024px)"/>
            <img src="//img.echosting.cafe24.com/skin/skin_ko_KR/
main/img_banner.jpg" alt="banner" loading="lazy" width="100%"
height="100%"/></picture>
    </a>
</section>
```

▲ 변경 전

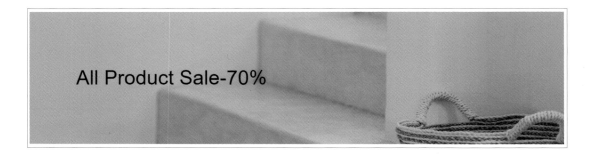

```
<section class="middleBanner" module="custom_moduleedit_7">
    <a href="/product/list.html?cate_no=24">
        <div class="text">All Product Sale-70%</div>
        <picture>
            <source srcset="https://atio2024.cafe24.com/web/upload/img/
middlebanner.png" media="(max-width: 767px)"/>
            <source srcset="https://atio2024.cafe24.com/web/upload/img/
middlebanner.png" media="(max-width: 1024px)"/>
            <img src="https://atio2024.cafe24.com/web/upload/img/middle-
banner.png" alt="banner" loading="lazy" width="100%" height="100%"/></
picture>
    </a>
</section>
```

▲ 변경 후

04 하단 영역 변경하기

01 [앱]–[마이앱]–[앱스토어 바로가기]를 클릭한 후 인스타그램을 검색하고 인스타그램 위젯을 설치합니다.

02 [로그인]을 클릭합니다(페이스북 계정으로 로그인합니다).

03 이미지 선택 [+ 선택창 열기]를 클릭한 후 이미지를 선택합니다. [+ 60개 선택(최근 업로드)]를 선택하면 자동으로 최근 업로드한 사진들을 선택해줍니다. [저장] 버튼을 클릭합니다. 표시 방식 설정은 그리드로, 썸네일 크기는 M으로 선택합니다.

04 [디자인 설정] 탭의 테두리에 체크를 해제하고 프로필 사진 표시에 체크합니다. 우측 상단에 활성화를 클릭하고 하단에 [저장]을 클릭합니다.

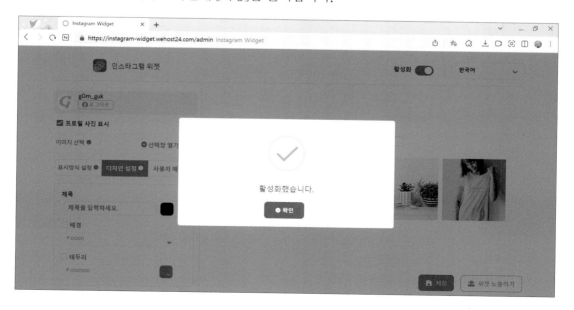

05 [위젯 노출하기]를 클릭한 다음, 클립보드에 복사하기를 클릭합니다.

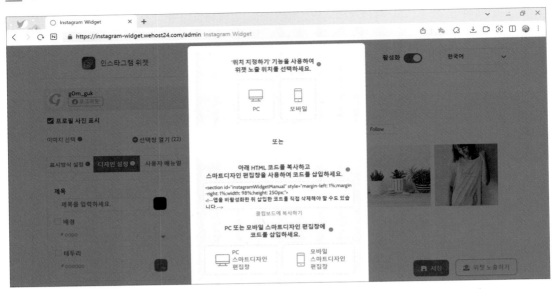

06 스마트 디자인 편집창을 클릭합니다. 하단 인스타그램 영역의 [편집]을 클릭한 다음, 소스
를 대체합니다.

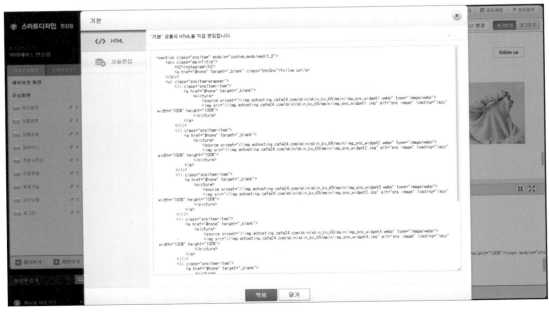

▲ 변경 전

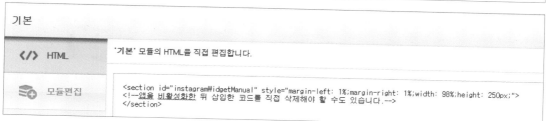

기본	
</> HTML	'기본' 모듈의 HTML을 직접 편집합니다.

📚 모듈편집	`<section id="instagramWidgetManual" style="margin-left: 1%;margin-right: 1%;width: 98%;height: 250px;">`
	`<!--앱을 비활성화한 뒤 삽입한 코드를 직접 삭제해야 할 수도 있습니다.-->`
	`</section>`

▲ 변경 후

07 최종 결과 화면입니다.

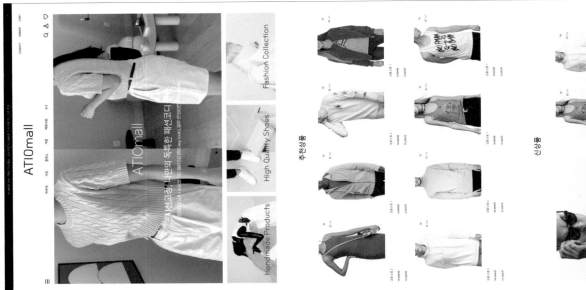

▲ https://atio2024.cafe24.com/

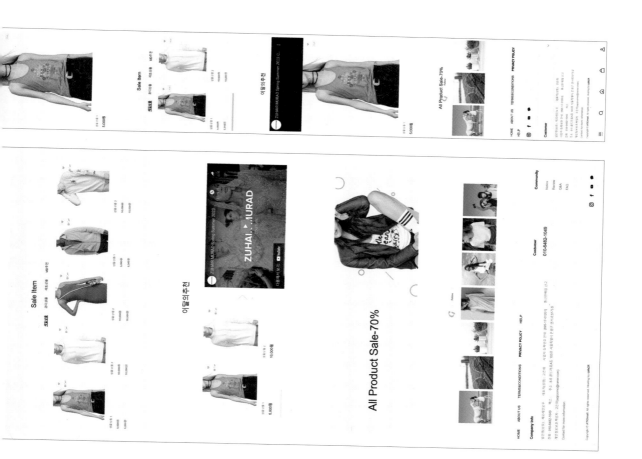

PART 7에서는
무료 스킨-기업형 쇼핑몰 템플릿을 이용하여
인테리어 관련 쇼핑몰을 구축하는 방법을
살펴보기로 합니다.

PART

07

스마트 디자인
무료 스킨-기업형을 이용한
인테리어 쇼핑몰 만들어보기

카페24 쇼핑몰에서 제공하는 무료 템플릿인 무료 스킨-기업형 쇼핑몰 템플릿을 활용하여 인테리어 기업 쇼핑몰을 만들어보겠습니다. PART7에서는 무료 스킨-기업형 디자인을 이용하여 하나의 기업 쇼핑몰 형태를 완성해가는 과정을 담았습니다. 제작 전에 쇼핑몰 기획서 및 필요한 이미지를 미리 준비하면 제작 시간을 단축시킬 수 있습니다.

○ 쇼핑몰 기획서

❶ 상호는?	Interiormoa
❷ 어떤 컨셉으로 만들 것인가?	모던, 심플하게
❸ 상품 구성은 어떻게 할 것인가(아이템)?	인테리어
❹ 카테고리?	거실가구 침실가구 다이닝룸 주방가구 책상/서재
❺ 메인 슬라이드 문구?	새롭게 입고된 신상품을 만나보세요 New Product, 금주의 베스트 아이템 Best Product, 이번 주 핫하게 뜨고 있는 제품 Weekly Highlight etc.
❻ 기획전?	나만의 감성을 더해주는 소품, 모던한 미니멀의 완벽한 조화, 집 분위기 살리는 조명

직접 촬영한 사진 또는 무료 디자인 사이트에서 필요한 이미지를 미리 준비합니다.

○ 필요한 이미지

◆ 메인 슬라이드 이미지 : 3장 이상
◆ 기획전 배너 이미지 : 3장 이상
◆ 스마트 배너 이미지 : 1장 이상
◆ 상품 목록 이미지 : 8장 이상

cafe24 smart design

chapter
01 무료 스킨-기업형 디자인 추가하기

01 [디자인(PC/모바일)] > [디자인 추가]에서 가격 부문의 '무료'에 체크한 다음, 무료 스킨-기업형 디자인 상세보기를 클릭합니다.

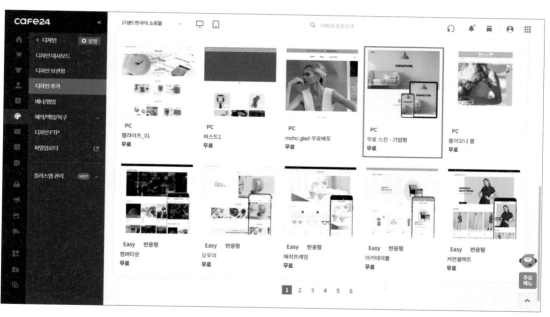

02 [디자인 추가] 버튼을 클릭합니다.

03 잠시 후 디자인 보관함 메뉴를 다시 클릭하면 디자인 보관함 목록에 아이베이스 디자인이 추가된 것을 확인할 수 있습니다. 아이베이스 디자인 목록에 있는 [편집] 버튼을 클릭하고, 스마트 디자인 편집창을 활용하여 쇼핑몰 꾸미기를 시작하면 준비가 완료된 상태입니다.

chapter 02 상단 영역 변경하기

01 로고 변경하기

01 PART4의 'Chapter 01. 로고 만들기'를 이용하여 로고를 만듭니다. [앱] > [에디봇] 배너를 클릭 후 나의 작업에서 [새로 시작하기]를 눌러 작업 환경을 만듭니다. [스티커] > [텍스트] > [기본] > [제목을 추가]를 이용해 문구를 입력하고 카페24써라운드에어 글꼴로 수정합니다. 100px 크기로 수정하고 캔버스 사이즈를 600×150으로 변경하여 맞추기한 후 작업명을 logo로 씁니다. 디스켓 모양을 눌러 저장하고 [다운로드] 버튼을 눌러 png로 내려받습니다.

02 관리자 모드에서 [디자인] > [파일 업로드]를 클릭합니다. 좌측창에서 [ADD]를 누른 다음, [새폴더]를 클릭합니다. 폴더명은 img로 합니다.

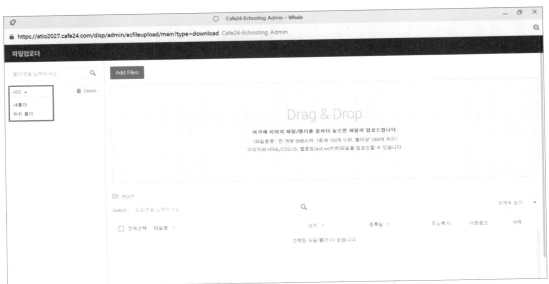

03 우측 창에 [Add Files]를 눌러 Logo.png 파일을 업로드한 후 [Start Upload] 버튼이 나타나면 클릭하여 완료합니다.

<u>04</u> 주소 복사란의 [복사]를 클릭해 둡니다.

logo : //ecimg.cafe24img.com/pg318b76515159067/atio2027/img/logo.png

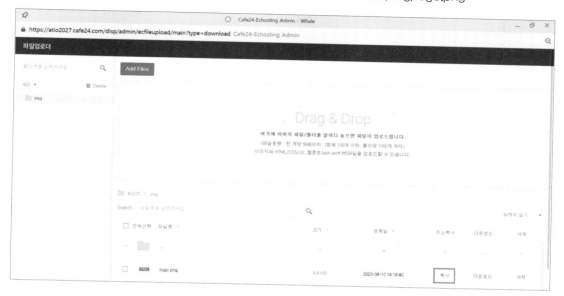

<u>05</u> 로고 영역이 포함된 곳은 메인 레이아웃, 공통 레이아웃, 디테일 레이아웃입니다. 총 3곳을
수정해야 합니다. [디자인(PC/모바일)] > [디자인 보관함]의 무료 스킨-기업형인 [편집]을
클릭하고, 로고 영역의 [편집]을 클릭합니다.

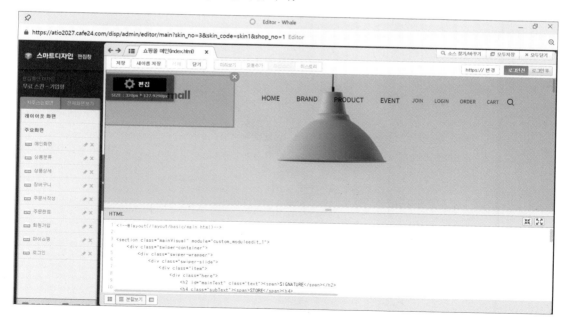

```
<h1 module="Layout_LogoTop" class="topArea__logo">
            <!--@css(/css/module/layout/logotop.css)-->
            <a href="/index.html"><img src="{$logo}" alt="{$mall_
name}" /></a>
        </h1>
```

▲ 변경 전

```
<h1 module="Layout_LogoTop" class="topArea__logo">
            <!--@css(/css/module/layout/logotop.css)-->
            <a href="/index.html"><img src="//ecimg.cafe24img.
com/pg318b76515159067/atio2027/img/logo.png" alt="{$mall_name}" /></a>
        </h1>
```

▲ 변경 후

06 결과 화면입니다.

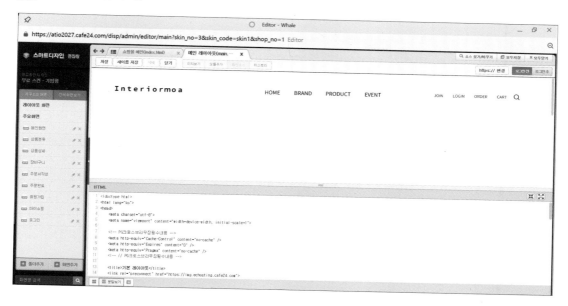

07 메인 레이아웃(main.html) 소스창의 45번 행 logotop.css 파일을 엽니다.

```
<!--@css(/css/module/layout/logotop.css)-->
```
[파일열기]

08 10, 22번 행의 max-height:21px; 값을 조절합니다. 이미지 높이가 맞지 않는 경우 마진 태그를 활용할 수 있습니다.

```
.xans-layout-logotop img { max-width:800px; max-height:21px; }
```

▲ 변경 전

```
.xans-layout-logotop img { max-width:800px; max-height:60px; margin-top:-
10px; }
```

▲ 변경 후

09 결과 화면입니다.

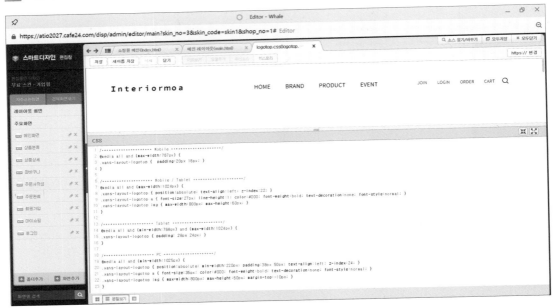

10 좌측 [자주쓰는 화면] 탭에서 주요 화면 중의 상품 목록을 클릭하면 로고가 다른 모양인 것을 확인할 수 있습니다. 쇼핑몰 메인 화면에서는 1번 행에 /layout/basic/main.html(메인 레이아웃)을 호출하는 반면에, 다른 화면들은 /layout/basic/layout.html(공통 레이아웃)을 호출하기 때문입니다. 위와 같은 방법으로 수정해주어야 합니다. 로고 위에 마우스를 오버하면 나오는 [편집] 버튼을 클릭합니다.

```
<h1 module="Layout_LogoTop" class="topArea__logo">
                <!--@css(/css/module/layout/logotop.css)-->
                <a href="/index.html"><img src="{$logo}" alt="{$mall_
name}" /></a>
            </h1>
```

▲ 변경 전

```
<h1 module="Layout_LogoTop" class="topArea__logo">
                <!--@css(/css/module/layout/logotop.css)-->
                <a href="/index.html"><img src="//ecimg.cafe24img.
com/pg318b76515159067/atio2027/img/logo.png" alt="{$mall_name}" /></a>
            </h1>
```

▲ 변경 후

<u>11</u> [저장] 버튼을 눌러 적용하면 주황 글자색으로 보이던 탭이 검정으로 변경됩니다. F5 키
누르면 모든 탭이 사라지고 쇼핑몰 메인 탭만 남습니다.

12 마지막으로 좌측 장바구니 화면을 클릭하면 샘플 로고가 나오는 것을 확인할 수 있습니다. 로그인, 로그아웃 화면에 대한 상단 내용입니다. 44, 55번 행을 다음과 같이 변경합니다.

```
<a href="/index.html"><img src="{$logo}" alt="{$mall_name}" /></a>
```

▲ 변경 전

```
<a href="/index.html"><img src="//ecimg.cafe24img.com/pg318b76515159067/
atio2027/img/logo.png" alt="{$mall_name}" /></a>
```

▲ 변경 후

02 **카테고리 변경하기**

전체 메뉴는 HOME – BRAND(회사소개, 오시는 길) – PRODUCT – EVENT로 구성하도록 하겠습니다.

◆ **메뉴 변경**

01 메뉴 변경을 위해 [디자인(PC/모바일)] > [디자인 보관함]의 무료 스킨-기업형의 [편집]을 클릭하고 PRODUCT 쪽에 마우스 오버하면 나타나는 파란 네모 영역 안을 클릭합니다. 레이아웃(상단 메뉴)탭이 우측에 자동으로 열립니다.

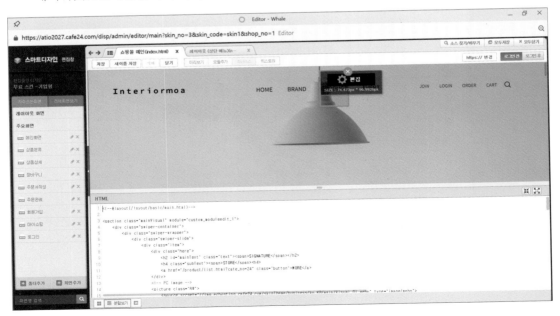

```
<div class="navigation">
        <button type="button" class="btnNav eNavFold"><i aria-hid-
den="true" class="icon icoNav"></i>네비게이션</button>
        <div class="navigation__category RW">
            <!--@css(/css/module/layout/category.css)-->
            <ul>
                <li><a href="/index.html">HOME</a></li>
                <li><a href="/layout/basic/brand.html">BRAND</a></li>
                <li id="category" module="Layout_category"><a href="/
product/list.html?cate_no=24">PRODUCT</a>
                    <ul>
                        <li><a href="{$link_product_list}">{$name_or_
img_tag}</a></li>
                        <li><a href="{$link_product_list}">{$name_or_
img_tag}</a></li>
                        <li><a href="{$link_product_list}">{$name_or_
img_tag}</a></li>
                    </ul>
                </li>
                <li><a href="/board/gallery/list.html">EVENT</a></li>
            </ul>
        </div>
        <div class="navigation__util">
            <button type="button" class="menu btnSearch eSearch">
                <!--@import(/svg/icon-search.html)-->
                검색
            </button>
            <a href="/myshop/index.html" class="menu RW displaynone">
                <!--@import(/svg/icon-user.html)-->
                마이쇼핑
            </a>
            <a href="/myshop/wish_list.html" class="menu RW display-
none">

                <!--@import(/svg/icon-heart.html)-->
                관심상품
            </a>
        </div>
    </div>
```

▲ 레이아웃(상단 메뉴) HTML 소스 변경 전

```html
<div class="navigation">
            <button type="button" class="btnNav eNavFold"><i aria-hid-
den="true" class="icon icoNav"></i>네비게이션</button>
            <div class="navigation__category RW">
                <!--@css(/css/module/layout/category.css)-->
                <ul>
                    <li><a href="/index.html">HOME</a></li>
                    <li><a href="#">BRAND</a>
                        <ul>
                            <li><a href="/layout/basic/brand.html">회사소개
</a></li>
                            <li><a href="/shopinfo/map.html">오시는 길</a>
</li>
                        </ul>
</li>
                    <li id="category" module="Layout_category"><a
href="#">
PRODUCT</a>
                        <ul>
                            <li><a href="{$link_product_list}">{$name_or_
img_tag}</a></li>
                            <li><a href="{$link_product_list}">{$name_or_
img_tag}</a></li>
                            <li><a href="{$link_product_list}">{$name_or_
img_tag}</a></li>
                        </ul>
                    </li>
                    <li><a href="/board/gallery/list.html">EVENT</a></li>
                </ul>
            </div>
            <div class="navigation__util">
                <button type="button" class="menu btnSearch eSearch">
                    <!--@import(/svg/icon-search.html)-->
                    검색
                </button>
                <a href="/myshop/index.html" class="menu RW displaynone">
                    <!--@import(/svg/icon-user.html)-->
                    마이쇼핑
                </a>
                <a href="/myshop/wish_list.html" class="menu RW display-
none">
                    <!--@import(/svg/icon-heart.html)-->
                    관심상품
                </a>
```

```
        </div>
    </div>
```

▲ 레이아웃(상단 메뉴) HTML 소스 변경 후

02 HTML 소스창에서 4번 행의 〈!--@css(/css/module/layout/category.css)--〉[파일열기]를 클릭하고, 23번 행의 width 값을 추가합니다.

```
.navigation__category li ul li { display:block; padding:10px 10px; mar-
gin:0;}
```

▲ 변경 전

```
.navigation__category li ul li { display:block; padding:10px 10px; mar-
gin:0; width:70px;}
```

▲ 변경 후

chapter 03 본문 영역 변경하기

01 메인 슬라이드

<u>01</u> 무료 이미지 사이트를 이용해 메인 이미지 2장을 파일 업로더를 통해 업로드합니다. 샘플 사이트의 메인 이미지 사이즈는 1920×1050 픽셀이므로 참고해서 다운로드하세요. main1.jpg와 main2.jpg를 업로드한 후 주소 복사란에 주소를 복사해 둡니다.

main1 : //ecimg.cafe24img.com/pg318b76515159067/atio2027/img/main1.jpg

main2 : //ecimg.cafe24img.com/pg318b76515159067/atio2027/img/main2.jpg

02 스마트 디자인 편집창을 열고 쇼핑몰 메인(index.html) HTML 소스창에서 메인 이미지에 해당하는 경로를 찾아 수정해줍니다.

1번 이미지는 13~27번 행입니다.

```
<!-- PC image -->
            <picture class="RW">
                <source srcset="//img.echosting.cafe24.com/skin-
Theme/business/ko_KR/main/Visual_01.webp" type="image/webp">
                <img src="//img.echosting.cafe24.com/skinTheme/
business/ko_KR/main/Visual_01.jpg" width="100%" height="100%" alt="main
banner"/>
            </picture>
            <!-- tablet image -->
            <picture class="RTB">
                <source srcset="//img.echosting.cafe24.com/skin-
Theme/business/ko_KR/main/Visual_01_t.webp" type="image/webp" />
                <img src="//img.echosting.cafe24.com/skin-skin-
Theme/business/ko_KR/main/Visual_01_t.jpg" width="100%" height="100%"
alt="main banner"/>
            </picture>
            <!-- mobile image -->
            <picture class="RMB">
                <source srcset="//img.echosting.cafe24.com/skin-
Theme/business/ko_KR/main/Visual_01_m.webp" type="image/webp" />
                <img src="//img.echosting.cafe24.com/skinTheme/
business/ko_KR/main/Visual_01_m.jpg" width="100%" height="100%" alt="main
banner"/>
            </picture>
```

▲ 변경 전

```
<!-- PC image -->
            <picture class="RW">
                <source srcset="//ecimg.cafe24img.com/
pg318b76515159067/atio2027/img/main1.jpg" type="image/webp">
                <img src="//ecimg.cafe24img.com/
pg318b76515159067/atio2027/img/main1.jpg" width="100%" height="100%" al-
t="main banner"/>
```

```
                    </picture>
                    <!-- tablet image -->
                    <picture class="RTB">
                        <source srcset="//ecimg.cafe24img.com/
pg318b76515159067/atio2027/img/main1.jpg" type="image/webp" />
                        <img src="//ecimg.cafe24img.com/
pg318b76515159067/atio2027/img/main1.jpg" width="100%" height="100%" al-
t="main banner"/>
                    </picture>
                    <!-- mobile image -->
                    <picture class="RMB">
                        <source srcset="//ecimg.cafe24img.com/
pg318b76515159067/atio2027/img/main1.jpg" type="image/webp" />
                        <img src="//ecimg.cafe24img.com/
pg318b76515159067/atio2027/img/main1.jpg" width="100%" height="100%" al-
t="main banner"/>
                    </picture>
```

▲ 변경 후

2번 이미지는 37~51번 행입니다.

```
<!-- PC image -->
                    <picture class="RW">
                        <source srcset="//img.echosting.cafe24.com/skin-
Theme/business/ko_KR/main/Visual_02.webp" type="image/webp">
                        <img src="//img.echosting.cafe24.com/skinTheme/
business/ko_KR/main/Visual_02.webp" width="100%" height="100%" alt="main
banner"/>
                    </picture>
                    <!-- tablet image -->
                    <picture class="RTB">
                        <source srcset="//img.echosting.cafe24.com/skin-
Theme/business/ko_KR/main/Visual_02_t.webp" type="image/webp" />
                        <img src="//img.echosting.cafe24.com/skin/skin-
Theme/business/ko_KR/main/Visual_02_t.jpg" width="100%" height="100%"
alt="main banner"/>
                    </picture>
                    <!-- mobile image -->
```

▲ 변경 전

```
<!-- PC image -->
                <picture class="RW">
                        <source srcset="//ecimg.cafe24img.com/
pg318b76515159067/atio2027/img/main2.jpg" type="image/webp">
                        <img src="//ecimg.cafe24img.com/
pg318b76515159067/atio2027/img/main2.jpg" width="100%" height="100%" al-
t="main banner"/>
                </picture>
                <!-- tablet image -->
                <picture class="RTB">
                        <source srcset="//ecimg.cafe24img.com/
pg318b76515159067/atio2027/img/main2.jpg" type="image/webp" />
                        <img src="//ecimg.cafe24img.com/
pg318b76515159067/atio2027/img/main2.jpg" width="100%" height="100%" al-
t="main banner"/>
                </picture>
                <!-- mobile image -->
                <picture class="RMB">
                        <source srcset="//ecimg.cafe24img.com/
pg318b76515159067/atio2027/img/main2.jpg" type="image/webp" />
                        <img src="//ecimg.cafe24img.com/
pg318b76515159067/atio2027/img/main2.jpg" width="100%" height="100%" al-
t="main banner"/>
                </picture>
```

▲ 변경 후

02 회사소개 페이지

스마트 디자인 편집창을 열고 우측 패널에서 [전체화면 보기] 탭을 클릭한 후 레이아웃(layout) >
기본 레이아웃(basic) 폴더 아래에 brand.html을 클릭합니다. 앞에 별표를 클릭하면 자주쓰는 화
면에 등록되어 빠른 편집이 가능합니다.

HTML 소스창을 확인하고 운영하는 회사 내용에 맞게 수정한 후 [저장]합니다. 이미지는 파일
업로더를 활용하여 경로를 변경합니다.

<u>01</u> 하나의 이미지를 변경해보겠습니다. 미리보기 창에서 이미지에 마우스를 오버하면 이미지 사이즈가 620×350 픽셀인 것을 확인할 수 있습니다. 해당 영역을 클릭하면 HTML 소스 창에서 해당 소스가 선택됩니다.

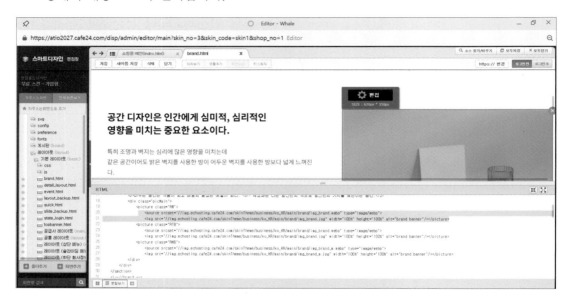

<u>02</u> 준비한 사진을 파일 업로더를 통해 업로드한 다음, 주소 복사를 합니다.

brand : //ecimg.cafe24img.com/pg318b76515159067/atio2027/img/brand.jpg

PART 07 스마트 디자인 무료 스킨-기업형을 이용한 인테리어 쇼핑몰 만들어보기 위 회사소개 페이지(brand.html)에서 해당 이미지 경로 부분을 대체합니다.
41~43번 행입니다.

```
<picture class="RW">
                  <source srcset="//img.echosting.cafe24.com/skinTheme/
business/ko_KR/main/brand/img_brand_01.webp" type="image/webp">
                  <img src="//img.echosting.cafe24.com/skinTheme/busi-
ness/ko_KR/main/brand/img_brand_01.jpg" width="100%" height="100%" al-
t="brand image"/>
</picture>
```

▲ 변경 전

```
<picture class="RW">
                  <source srcset="//ecimg.cafe24img.com/
pg318b76515159067/atio2027/img/brand.jpg" type="image/webp">
                  <img src="//ecimg.cafe24img.com/pg318b76515159067/
atio2027/img/brand.jpg" width="100%" height="100%" alt="brand image"/></
picture>
```

▲ 변경 후

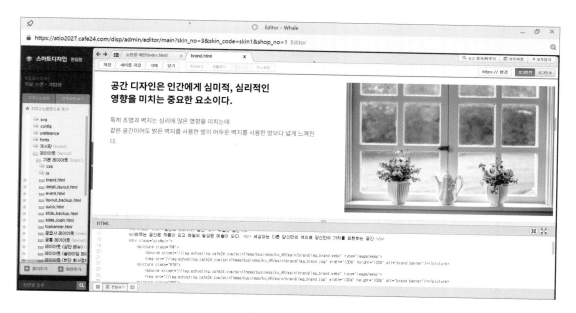

01 스마트 디자인 편집창을 열고 오시는 길 페이지 추가를 위해 우측 패널의 [전체화면 보기]
탭을 클릭하고 쇼핑정보 폴더를 확장한 후 회사소개 페이지를 클릭합니다. 상단에 [새이름
저장]을 클릭합니다. 저장 경로 선택은 쇼핑정보(shopinfo) 폴더를 선택한 후 아래 파일명 란
에 map.html을 입력하고 [저장]을 클릭합니다. 1~12번 행 내용 중 회사소개가 들어간 부
분을 찾아 오시는 길로 수정합니다. 14번 행부터 끝까지는 삭제합니다.

```
<!--@layout(/layout/basic/layout.html)-->
<div class="path">
    <span>현재 위치</span>
    <ol>
        <li><a href="/">홈</a></li>
        <li title="현재 위치"><strong>회사소개</strong></li>
    </ol>
</div>

<div class="titleArea">
    <h2>회사소개</h2>
</div>
```

▲ 변경 전

```
<!--@layout(/layout/basic/layout.html)-->
<div class="path">
    <span>현재 위치</span>
    <ol>
        <li><a href="/">홈</a></li>
        <li title="현재 위치"><strong>오시는 길</strong></li>
    </ol>
</div>

<div class="titleArea">
    <h2>오시는 길</h2>
</div>
```

▲ 변경 후

02 https://www.google.com/maps 에 접속한 후 주소를 검색합니다. 공유 > 지도퍼가기로
HTML 복사를 합니다.

```
<iframe src="https://www.google.com/maps/embed?pb=!1m18!1m12!1m3!1d3
165.67469520411!2d126.92207011488819!3d37.49200227981188!2m3!1f0!2f0
!3f0!3m2!1i1024!2i768!4f13.1!3m3!1m2!1s0x357c9fbae3e4b807%3A0xce9f-
9825da00b347!2z7ISc7Jq47Yq567OE7IucIOuPmeyekeq1rCDrs7Trnbzrp6TroZw16ri-
4IDE1!5e0!3m2!1sko!2skr!4v1681116367834!5m2!1sko!2skr" width="600"
height="450" style="border:0;" allowfullscreen="" loading="lazy" refer-
rerpolicy="no-referrer-when-downgrade"></iframe>
```

▲ 변경 전

```
<iframe src="https://www.google.com/maps/embed?pb=!1m18!1m12!1m3!1d3
165.67469520411!2d126.92207011488819!3d37.49200227981188!2m3!1f0!2f0
!3f0!3m2!1i1024!2i768!4f13.1!3m3!1m2!1s0x357c9fbae3e4b807%3A0xce9f-
9825da00b347!2z7ISc7Jq47Yq567OE7IucIOuPmeyekeq1rCDrs7Trnbzrp6TroZw16ri-
4IDE1!5e0!3m2!1sko!2skr!4v1681116367834!5m2!1sko!2skr" width="100%"
height="450" style="border:0;" allowfullscreen="" loading="lazy" refer-
rerpolicy="no-referrer-when-downgrade"></iframe>
```

▲ 변경 후

복사한 소스를 오시는 길(map.html) HTML 소스창 13줄에 붙입니다.

<u>01</u> 상단 카테고리는 상품 분류 관리와 동기화되어 있으므로, 관리자 모드에서 변경해주면 자동으로 변경됩니다. 관리자 모드에서 [상품] > [분류 관리] > [상품 분류 관리]를 클릭합니다.

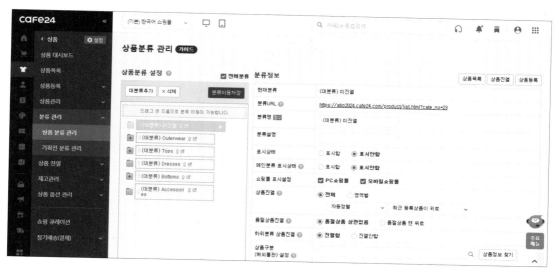

<u>02</u> 대분류를 하나씩 선택한 후 위의 [삭제] 버튼을 눌러 모두 삭제하고 [대분류 추가] 버튼을 눌러 거실가구, 침실가구, 다이닝룸, 주방가구, 책상/서재를 추가합니다. 이때 표시상태와 메인분류 표시상태를 '표시함'으로 체크해줍니다.

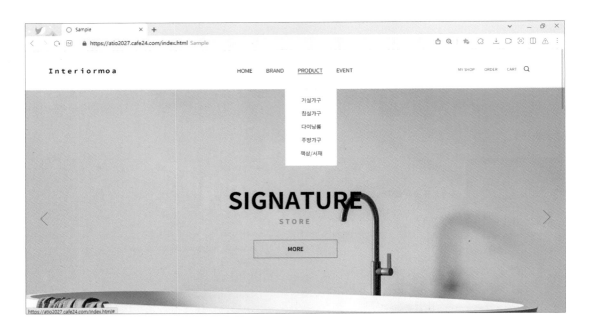

05 상품 복사 및 변경하기

<u>01</u> 관리자 모드에서 [상품] > [상품 목록]을 클릭한 다음, 개별 상품을 체크하고 복사합니다.
두 번 반복하여 총 8개를 만들고 상품 한 개를 클릭합니다.

<u>02</u> [이미지 정보] 탭을 클릭하고 대표 이미지 등록에 체크한 후 이미지를 업로드합니다. 추가
이미지가 있으면 [이미지 추가하기]를 클릭하여 이미지를 추가합니다. 완료 후 [상품 수정]

을 클릭합니다. 같은 방법으로 나머지 상품 이미지를 업로드합니다. 이미지 업로드 전 [이미지 사이즈 변경]을 클릭하여 모두 1000×1000으로 변경을 권장합니다(마켓플러스 연동 시 오류 최소화).

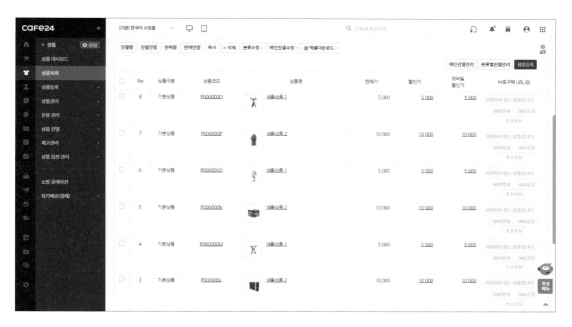

03 전체 선택한 후 [분류 수정]을 클릭하고, 해당 분류를 선택한 후 선택한 상품 분류로 변경, 추가, 삭제를 쉽게 할 수 있습니다.

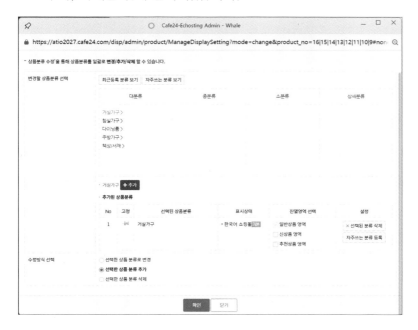

PART 7

메인 화면에서 하단의 갤러리 영역을 감추고 싶은 경우 다음을 참고합니다.

스마트 디자인 편집창을 열고 쇼핑몰 메인(index.html)의 HTML 소스창에서 259~339번 행을 다음과 같이 주석 처리합니다. 사용하지 않을 경우 삭제합니다.

```html
<!-- Event -->
<section class="event">
    <div module="Board_ListPackage_8">
        <div class="boardSort">
            <span module="board_category_8">{$form.board_category}</span>
        </div>

        <div module="board_title_8">
            <div class="title">
                <h2 class="text">{$board_name}</h2>
                <p>다양한 이벤트 내용이나 갤러리로 꾸며보세요.</p>
            </div>
            <p class="imgArea">{$board_top_image}</p>
        </div>

        <ul module="board_listheader_8">
            <li><a class="{$list_type_display|display}" href="/board/gal-
lery/list.html{$param_list}"><img src="http://img.echosting.cafe24.com/
skin/base_ko_KR/board/btn_type_image.gif" alt="이미지형으로 보기"></a></li>
            <li><a class="{$list_type_display|display}" href="/board/gal-
lery/list2.html{$param_list}"><img src="http://img.echosting.cafe24.com/
skin/base_ko_KR/board/btn_type_list.gif" alt="리스트형으로 보기"></a></li>
        </ul>

        <div class="notice">
            <div module="board_notice_8">
                <!--
                    $login_page_url = /member/login.html
                    $deny_access_url = /index.html
                -->
                <ul>
                    <li>
                        <a href="/board/gallery/read.html{$param_read}"
class="imgLink"><img src="{$img_src}" onerror="this.src='http://img.
echosting.cafe24.com/skin/base_ko_KR/board/@img_gallery.gif'" alt="" /></
a>
```

```
                </li>
                <li>
                        <a href="/board/gallery/read.html{$param_read}"
class="imgLink"><img src="{$img_src}" onerror="this.src='http://img.
echosting.cafe24.com/skin/base_ko_KR/board/@img_gallery.gif'" alt="" /></
a>
                </li>
            </ul>
        </div>
        <div module="board_fixed_8">
            <!--
                $login_page_url = /member/login.html
                $deny_access_url = /index.html
            -->
            <ul>
                <li>
                        <a href="/board/gallery/read.html{$param_read}"
class="imgLink"><img src="{$img_src}" onerror="this.src='http://img.
echosting.cafe24.com/skin/base_ko_KR/board/@img_gallery.gif'" alt="" /></
a>
                </li>
                <li>
                        <a href="/board/gallery/read.html{$param_read}"
class="imgLink"><img src="{$img_src}" onerror="this.src='http://img.
echosting.cafe24.com/skin/base_ko_KR/board/@img_gallery.gif'" alt="" /></
a>
                </li>
            </ul>
        </div>
    </div>

    <div module="board_list_8">
        <!--
            $count = 2
            $login_page_url = /member/login.html
            $deny_access_url = /index.html
        -->
        <ul>
            <li>
                    <a href="/board/gallery/read.html{$param_read}"
class="imgLink"><img src="{$img_src}" onerror="this.src='http://img.
echosting.cafe24.com/skin/base_ko_KR/board/@img_gallery.gif'" alt="" /></
a>
                    <a href="/board/gallery/read.html{$param_read}"
```

```
class="imgLink">{$subject} {$comment_count}</a>
                </li>
                <li>
                    <a href="/board/gallery/read.html{$param_read}"
class="imgLink"><img src="{$img_src}" onerror="this.src='http://img.
echosting.cafe24.com/skin/base_ko_KR/board/@img_gallery.gif'" alt="" /></
a>
                    <a href="/board/gallery/read.html{$param_read}"
class="imgLink">{$subject} {$comment_count}</a>
                </li>
            </ul>
        </div>
        <div class="boardListEmpty {$empty_display|display}" mod-
ule="board_empty_2">
            <p>
                {$empty_message}
            </p>
        </div>

<!--        <div module="board_ButtonList_2" class="{$write_display|dis-
play}">
            <a href="/board/gallery/write.html{$param_write}"
class="{$write_display|display}"><img src="http://img.echosting.cafe24.
com/skin/base_ko_KR/board/btn_write.gif" alt="글쓰기" /></a>
        </div> -->
    </div>
    <a href="/board/gallery/list.html" class="button">ALL VIEW</a>
</section>
<!-- event -->
```

▲ 변경 전

```
<!-- Event -->
<!--<section class="event">
    <div module="Board_ListPackage_8">
        <div class="boardSort">
            <span module="board_category_8">{$form.board_category}</span>
        </div>

        <div module="board_title_8">
            <div class="title">
                <h2 class="text">{$board_name}</h2>
                <p>다양한 이벤트 내용이나 갤러리로 꾸며보세요.</p>
            </div>
            <p class="imgArea">{$board_top_image}</p>
        </div>

        <ul module="board_listheader_8">
        <li><a class="{$list_type_display|display}" href="/board/gal-
lery/list.html{$param_list}"><img src="http://img.echosting.cafe24.com/
skin/base_ko_KR/board/btn_type_image.gif" alt="이미지형으로 보기"></a></li>
        <li><a class="{$list_type_display|display}" href="/board/gal-
lery/list2.html{$param_list}"><img src="http://img.echosting.cafe24.com/
skin/base_ko_KR/board/btn_type_list.gif" alt="리스트형으로 보기"></a></li>
        </ul>

        <div class="notice">
            <div module="board_notice_8">-->
                <!--
                    $login_page_url = /member/login.html
                    $deny_access_url = /index.html
                -->
                <!--    <ul>
                    <li>
                        <a href="/board/gallery/read.html{$param_read}"
class="imgLink"><img src="{$img_src}" onerror="this.src='http://img.
echosting.cafe24.com/skin/base_ko_KR/board/@img_gallery.gif'" alt="" /></
a>
                    </li>
                    <li>
                        <a href="/board/gallery/read.html{$param_read}"
class="imgLink"><img src="{$img_src}" onerror="this.src='http://img.
echosting.cafe24.com/skin/base_ko_KR/board/@img_gallery.gif'" alt="" /></
a>
                    </li>
                </ul>
```

```
            </div>
            <div module="board_fixed_8">-->
                <!--
                    $login_page_url = /member/login.html
                    $deny_access_url = /index.html
                -->
                <!-- <ul>
                    <li>
                        <a href="/board/gallery/read.html{$param_read}"
class="imgLink"><img src="{$img_src}" onerror="this.src='http://img.
echosting.cafe24.com/skin/base_ko_KR/board/@img_gallery.gif'" alt="" /></
a>
                    </li>
                    <li>
                        <a href="/board/gallery/read.html{$param_read}"
class="imgLink"><img src="{$img_src}" onerror="this.src='http://img.
echosting.cafe24.com/skin/base_ko_KR/board/@img_gallery.gif'" /></
a>
                    </li>
                </ul>
            </div>
        </div>

        <div module="board_list_8">-->
            <!--
                $count = 2
                $login_page_url = /member/login.html
                $deny_access_url = /index.html
            -->
            <!--    <ul>
                    <li>
                        <a href="/board/gallery/read.html{$param_read}"
class="imgLink"><img src="{$img_src}" onerror="this.src='http://img.
echosting.cafe24.com/skin/base_ko_KR/board/@img_gallery.gif'" alt="" /></
a>
                        <a href="/board/gallery/read.html{$param_read}"
class="imgLink">{$subject} {$comment_count}</a>
                    </li>
                    <li>
                        <a href="/board/gallery/read.html{$param_read}"
class="imgLink"><img src="{$img_src}" onerror="this.src='http://img.
echosting.cafe24.com/skin/base_ko_KR/board/@img_gallery.gif'" /></
a>
                        <a href="/board/gallery/read.html{$param_read}"
```

```
class="imgLink">{$subject} {$comment_count}</a>
            </li>
        </ul>
    </div>
    <div class="boardListEmpty {$empty_display|display}" mod-
ule="board_empty_2">
        <p>
            {$empty_message}
        </p>
    </div>-->


<!--        <div module="board_ButtonList_2" class="{$write_display|dis-
play}">
        <a href="/board/gallery/write.html{$param_write}"
class="{$write_display|display}"><img src="http://img.echosting.cafe24.
com/skin/base_ko_KR/board/btn_write.gif" alt="글쓰기" /></a>
        </div> -->
<!--    </div>
    <a href="/board/gallery/list.html" class="button">ALL VIEW</a>
</section>-->
<!-- event -->
```

▲ 변경 후

chapter 04 | 하단 영역 변경하기

01 배경 변경하기

스마트 디자인 편집창의 쇼핑몰 메인(index.html) HTML 소스창에서 첫 줄에 있는 〈!--@ layout(/layout/basic/main.html)--〉 [파일열기]를 클릭합니다.

21번 행에 〈!--@css(/layout/basic/css/layout.css)--〉 [파일열기]를 클릭합니다.

13번 행에 있는 하단의 색상값을 변경해줍니다.

```
#footer { background:#f6f6f6; }
```

▲ 변경 전

```
#footer { background:#ffffff; }
```

▲ 변경 후

결과 화면입니다.

▲ https://atio2027.cafe24.com/index.html

PART 8에서는
고객들이 페이스북, 구글, 네이버, 카카오를 통해서도
로그인할 수 있도록 로그인 화면을 만드는 방법과
쇼핑몰 자료를 백업 및 복구하는 방법에 대해 살펴봅니다.

PART

08

유용한
카페24 스마트 디자인
기능 및 백업, 복구하기

chapter 01 | SNS 로그인 만들기

[쇼핑몰 설정]-[고객설정]-[회원가입·로그인]-[SNS 로그인 연동관리]를 클릭합니다. 카페24 무료 도메인은 일부 SNS 로그인 연결이 불가합니다. 도메인 구입 후 쇼핑몰에 연결하면 자동으로 SSL이 발급되며 https로 접속이 가능합니다.

01 페이스북 로그인

◆ 페이스북의 정책이 변경되어 http 형태의 사이트는 신규 연동이 불가합니다.

◆ https 접속이 가능하도록 하려면 '쇼핑몰 보안연결 설정(SSL)' 적용이 필요합니다.

◆ 카페24 쇼핑몰은 http 접속 시 https 리다이렉트를 지원하지 않으므로 https 리다이렉트를 적용하려면 별도의 자바스크립트 수정이 필요합니다.

◆ 단, URL이 달라 별도의 사이트로 간주하기 때문에 포털 사이트, 배너 등의 링크가 기존 http 주소로 연결되어 있는 경우 https 리다이렉트 적용 시 영향을 미치게 됩니다.

◆ 신규 쇼핑몰 또한 차후 광고 진행 시 문제가 발생할 가능성이 있습니다.

01 https://developers.facebook.com/ 페이스북 개발자 사이트로 이동하여 기존 페이스북 계정으로 로그인 또는 새 계정을 만듭니다. 로그인 후, [내 앱 버튼 클릭]-[앱 만들기]-[앱 유형 선택: 소비자]를 선택하여 신규 앱을 생성합니다.

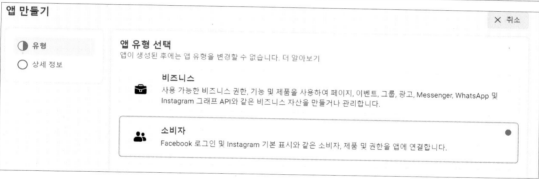

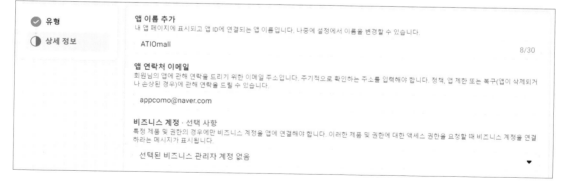

02 생성한 앱의 [설정]−[기본설정]으로 이동하여 필요 정보를 입력합니다.

❶ 앱 도메인 항목 : 페이스북 로그인을 사용하려는 쇼핑몰 도메인을 입력합니다. 모바일에서도
사용하려면 모바일 쇼핑몰 도메인도 입력합니다.

❷ **개인정보처리방침 URL 항목** : 개인정보처리방침 내용이 들어가 있는 쇼핑몰 페이지 주소를 입력합니다.

❸ **서비스 약관 URL 항목** : 서비스 약관 내용이 들어가 있는 쇼핑몰 페이지 주소를 입력합니다.

❹ **사용자 데이터 삭제 항목** : '데이터 삭제 안내 URL'로 선택 후, SNS 회원 탈퇴 방법이 기재된 쇼핑몰 페이지 주소를 입력합니다.

❺ **카테고리 항목** : 쇼핑을 선택합니다.

❻ **앱 아이콘 항목** : 앱 아이콘은 해당 쇼핑몰을 이용하는 고객이 로그인 시 보여지는 아이콘입니다. 512×512~1024×1024 픽셀의 JPG, GIF 또는 PNG 파일을 업로드 할 수 있으며 PART4의 'Chapter 07. 앱 아이콘 만들기'를 참고합니다. 5MB 이하 업로드 가능합니다.

<u>**03**</u> 좌측 메뉴에서 [제품 추가] 화면으로 이동하여 Facebook 로그인의 [설정] 버튼을 클릭합니다.

<u>04</u> 좌측의 [Facebook 로그인]–[설정] 화면으로 이동합니다.

<u>05</u> '클라이언트 OAuth 설정' 중, '유효한 OAuth 리디렉션 URI(Valid OAuth Redirect URIs)' 항목에 아래와 같이 입력 후 저장합니다(http 형태의 주소는 입력이 불가합니다).

> https://{도메인}/Api/Member/Oauth2ClientCallback/facebook/
>
> https://www.{도메인}/Api/Member/Oauth2ClientCallback/facebook/
>
> https://m.{도메인}/Api/Member/Oauth2ClientCallback/facebook/

저장 후 상단의 [토글] 버튼을 클릭하여 '개발 중' 상태를 '라이브'로 변경 후, 팝업 창에서 [모드 전환]을 선택합니다.

06 대시보드로 이동하여 '앱 시크릿코드' 항목의 [보기] 버튼을 클릭하면 코드를 확인할 수 있습니다.

07 강화된 페이스북의 앱 검수 과정으로 인해, 라이브된 앱이 개발중으로 변경되거나, 앱 사용이 중단되는 이슈가 발생할 수 있습니다. 앱 이용이 중단되거나 개발중으로 변경된 경우 [알림]-[받은 메시지함]에서 사유를 확인할 수 있습니다.

08 [판매 채널]-[페이스북]-[페이스북 로그인]으로 이동합니다. '페이스북 로그인' 항목을 '사용함'으로 설정하고, 개발자 센터에서 확인한 App ID와 App Secret Code를 입력한 후 [저장] 버튼을 클릭합니다.

01 구글 로그인 연동을 위해 구글 개발자 센터로 이동하여 로그인 합니다. 기존 생성한 구글 계정이 없는 경우에는 [계정 만들기]를 클릭하여 구글 계정을 생성합니다.

https://console.cloud.google.com/apis/dashboard

02 구글 클라이언트 ID를 생성하기 위해서는 먼저 새로운 프로젝트를 등록해야 합니다. 서비스 약관을 확인하고 [동의] 버튼 클릭 후, '사용 설정된 API 및 서비스'에서 [프로젝트 만들기] 버튼을 클릭합니다(상단의 [프로젝트 선택]–[새 프로젝트] 클릭도 가능).

<u>03</u> 새 프로젝트 등록 화면이 표시되면, '프로젝트 이름'을 입력하고 [만들기] 버튼을 클릭하여 새로운 프로젝트를 생성합니다.

<u>04</u> [API 및 서비스]–[OAuth 동의 화면]으로 이동한 다음, 'User Type'을 '외부'로 선택하고 [만들기]를 클릭합니다.

05 '앱 등록 수정' 화면에서 앱 이름, 승인된 도메인 등의 정보를 입력 후 [저장 후 계속] 버튼을 클릭합니다. '승인된 도메인' 입력 시 프로토콜(http:// 또는 https://)은 제외해야 하며, 경로(test. com/path)를 포함해선 안됩니다.

06 새 프로젝트가 생성되면 [API 및 서비스]−[사용자 인증 정보]에서 [사용자 인증 정보 만들기(CREATE CREDENTIALS)]−[OAuth 클라이언트 ID]를 선택합니다.

07 애플리케이션 유형은 '웹 애플리케이션' 유형을 선택하고, '승인된 자바스크립트 원본'과 '승인된 리디렉션 URI'에 아래와 같이 쇼핑몰 주소를 입력 후 [만들기] 버튼을 클릭합니다.

승인된 자바스크립트 원본 : PC쇼핑몰과 모바일쇼핑몰 도메인 주소를 입력합니다.

- http://sample.com
- http://www.sample.com
- http://m.sample.com
- https://sample.com
- https://www.sample.com
- https://m.sample.com

승인된 리디렉션 URI : PC 쇼핑몰과 모바일 쇼핑몰 도메인 주소 뒤에 아래 예시와 같이 상세 경로를 입력합니다.

- http://sample.com/Api/Member/Oauth2ClientCallback/googleplus/
- http://www.sample.com/Api/Member/Oauth2ClientCallback/googleplus/
- http://m.sample.com/Api/Member/Oauth2ClientCallback/googleplus/
- https://sample.com/Api/Member/Oauth2ClientCallback/googleplus/
- https://www.sample.com/Api/Member/Oauth2ClientCallback/googleplus/
- https://m.sample.com/Api/Member/Oauth2ClientCallback/googleplus/

PART 8

08 개인정보 처리방침과 쇼핑몰 약관의 경우 각각 쇼핑몰의 개인정보 처리방침 URL과 쇼핑몰 약관 URL로 기재 가능합니다.

개인정보 처리방침 : https://도메인주소/member/privacy.html

쇼핑몰 약관 : https://도메인주소/member/agreement.html

03 네이버 로그인

◆ '네이버 로그인 설정 도우미'로 만든 앱은 가장 어려웠던 '검수' 과정을 생략할 수 있습니다. 앱의 정보는 카페24가 제공하는 보증된 정보이기 때문에 네이버에서 추가로 검수하지 않습니다.

◆ '네이버 로그인 설정 도우미'로 설정한 쇼핑몰은 앱을 생성하자마자, 쇼핑몰에서 바로 '네이버 로그인'을 사용할 수 있습니다. '네이버 로그인 설정 도우미'는 네이버 로그인 앱을 신규로 생성하고, 대신 설정해 주는 기능입니다. 따라서 기존에 네이버 로그인 앱을 보유하고 있는 쇼핑몰은 사용할 수 없습니다(기존 네이버 로그인 이용자분들도 유용한 기능을 사용할 수 있도록 준비하고 있습니다).

01 'SNS 로그인 연동 관리(또는 SNS 연동 설정/네이버 로그인)'에서 [네이버 로그인 설정 도우미] 버튼을 선택합니다.

02 '네이버 로그인 설정 도우미' 팝업에서 카페24가 대신 만들어 줄 앱 정보를 확인하고, [이 정보로 설정 진행할게요] 버튼을 선택합니다. 이때, 대신 만들어 줄 앱의 정보를 변경하고 싶다면 각 항목별 설정 페이지로 이동하여 정보를 수정한 후 다시 설정을 진행합니다.

또는 앱이 다 만들어진 후 네이버 디벨로퍼스(https://developers.naver.com)에 방문하여 수정할 수 있습니다.

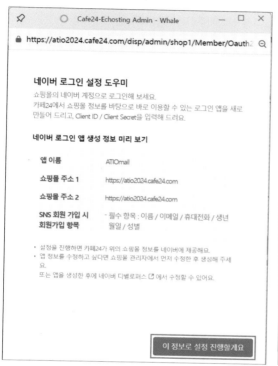

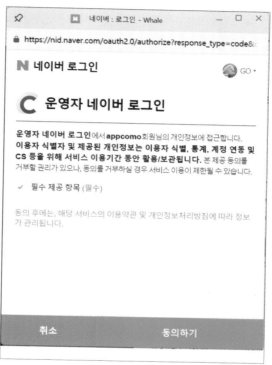

03 네이버 로그인 앱을 관리할 쇼핑몰의 네이버 계정으로 로그인합니다.

04 카페24가 새로 만들어진 앱을 쇼핑몰에 설정해 두었습니다. 지금부터 바로 쇼핑몰에서 '네이버 로그인'을 사용할 수 있습니다.

◆ 카카오싱크는 카카오의 계정을 이용하여 쇼핑몰에 방문한 고객을 회원가입하게 하고, 카카오에 저장된 회원 정보를 카카오 모먼트 등의 마케팅 툴에서 활용할 수 있게 지원하는 서비스입니다. [카카오싱크 시작하기] 버튼을 통하여 단 5분 안에 신청부터 설정까지 완료할 수 있습니다.

◆ 쇼핑몰 오픈 준비 중인 경우 반드시 오픈 이후 카카오 싱크를 신청해주시기 바랍니다.

◆ 신청 이후 바로 쇼핑몰에서 판매하는 상품이나 통신판매 신고, 쇼핑몰 이용약관 등이 확인 되지 않을 경우 사후검수에서 비즈니스 채널이 인증 해지되거나, 수집가능한 고객의 정보가 제한될 수 있습니다. 기존 카카오 소셜 로그인에서 카카오 싱크로 전환 후 고객이 최초 로그인할 경우 약관 동의 화면이 노출 됩니다.

◆ [관리자 쇼핑몰 설정]–[기본 설정]–[쇼핑몰 정보]–[내 쇼핑몰 정보]에서 정확한 사업자 등록번호를 하이픈 포함하여 입력합니다. 사업자 등록번호가 유효하지 않을 경우 카카오싱크 서비스를 이용할 수 없습니다.

01 쇼핑몰 관리자의 [관리자 판매 채널]–[카카오]–[카카오비즈니스]를 선택합니다. 이때, 반드시 대표 운영자 계정으로 설정을 진행하기 바랍니다(또는 [상점관리]–[채널관리]–[카카오]–[카카오비즈니스]–[카카오싱크]에서 '사용함'을 선택하고, [카카오싱크 간편설정 실행]을 선택해도 됩니다).

02 카카오 로그인 팝업에서 카카오 계정으로 로그인합니다.

이미 카카오 앱과 채널을 보유하고 있다면 반드시 에디터(Editor) 이상의 권한을 가진 계정으로 로그인해야 합니다. 카카오싱크 설정 시 권한이 없는 앱과 채널은 표시되지 않으므로, 신청이 어려울 수 있습니다.

03 [카카오비즈니스 회원 통합전환 시작] 버튼을 눌러 통합회원으로 전환합니다.

04 카카오비즈니스 통합 서비스 약관에 동의하고 [동의하고 계속 진행] 버튼을 클릭합니다. 카카오에 등록된 개인정보가 표시된 것을 확인하고, 인증을 진행한 후 [완료] 버튼을 눌러 회원 통합회원 정보 입력을 완료합니다.

05 통합 전환이 완료되고 나면 카카오싱크 실행 화면이 표시됩니다. 안내문을 확인하고 [동의하고 계속] 버튼을 눌러 설정 화면으로 이동합니다.

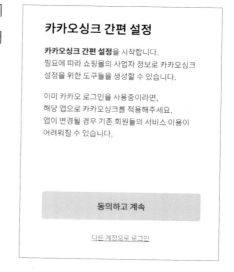

<u>06</u> 카카오싱크에 연결할 앱을 선택합니다.

- 기존에 카카오 로그인을 이용한 이력이 없고 새로운 앱을 사용하려면 [신규 앱 생성하기]를 통해 앱을 생성합니다. 다만, 기존에 카카오 소셜 로그인을 사용했었다면 반드시 동일한 앱을 사용하여 카카오싱크를 신청해야 합니다. 앱이 바뀌면 고객 식별값이 변경되어 기존 고객들이 쇼핑몰에 신규로 가입되므로 반드시 주의하기 바랍니다.

- 기존에 카카오 개발자 센터에서 이미 앱을 생성했고 에디터(Editor) 이상의 권한이 있을 경우, 목록에 앱이 표시됩니다. 보유하고 있는 앱을 사용하려면 해당 앱을 선택 후 [다음] 버튼을 클릭합니다.

- 앱 생성하기를 한 경우, 앱 정보를 입력하고 앱을 생성합니다. 쇼핑몰 로고는 고객이 쇼핑몰에서 회원가입할 때 보게 될 로고이므로 신중하게 등록하기 바랍니다. 쇼핑몰 이름과 회사 이름에는 카페24 쇼핑몰 관리자 화면에 등록된 정보가 연동됩니다. 정보를 확인 및 수정했다면 [다음] 버튼을 클릭합니다.

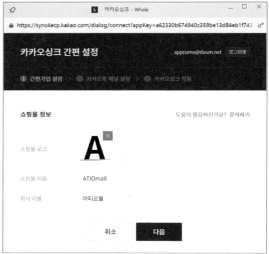

<u>07</u> 카카오싱크에 연결할 채널을 선택합니다.

- 기존에 카카오 로그인을 이용한 이력이 없고, 새로운 채널을 사용하려면 [신규 채널 생성하기] 를 통해 채널을 생성합니다.

- 기존에 카카오 채널 관리자 센터에서 이미 채널을 생성했고, 에디터(Editor) 이상의 권한이 있을 경우 목록에 채널이 표시됩니다.
  보유하고 있는 채널을 사용하려면 해당 채널을 선택 후 [다음] 버튼을 클릭합니다.

- 채널 생성에 필요한 정보를 모두 입력하고 [다음] 버튼을 클릭하여 채널을 생성합니다.

<u>08</u> 회원가입 시 고객에게 수집할 동의항목 및 개인정보 처리방침 URL을 확인하고 [다음] 버튼을 클릭합니다.

- [관리자 쇼핑몰 설정]-[고객 설정]-[회원 가입·로그인]-[회원 가입 항목 설정]에 '사용함'으로 설정된 항목들이 자동으로 연동됩니다.

연동되는 회원가입 항목은 아래와 같습니다.

- 이름 : 카카오의 프로필 이름
- 아이디 : 카카오의 AUID(앱 유저 아이디)
- SMS 수신동의
- 평생회원 설정
- 생년월일
- 이메일 : 카카오에 등록된 대표 이메일
- 휴대전화
- 이메일 수신동의
- 기본 주소/나머지 주소
- 성별

- 위에 기재된 항목 외에 연계정보(CI) 연동을 희망할 경우 [카카오 포 비즈니스]-[서비스 관리]- [카카오싱크 신청]에서 [개인정보 항목 신청] 버튼을 통해 별도 검수를 신청하기 바랍니다.
  단, '연계정보(CI)'는 주민등록번호를 대체하는 고객의 개인식별 정보로, 매우 민감한 개인정보 이므로 명확한 활용 사유가 있을 때만 수집을 신청하기 바랍니다.

- 카카오 정책에 따라 이름 항목을 추가로 받을 수 있게 되었으며, 관리자 페이지의 [관리자 쇼핑 몰 설정]-[고객 설정]-[회원 가입·로그인]-[회원 가입 항목 설정] 메뉴에서 페이지 하단 [저 장] 버튼을 통해 업데이트 시 닉네임 대신 이름 항목이 반영되는 점 기억하기 바랍니다.

- 회원가입 항목을 수집 설정 했더라도 고객이 가입 시 제공 동의하지 않았거나, 카카오에 등록된 정보가 없을 경우 쇼핑몰로 연동되지 않습니다. 또한 쇼핑몰 관리자 화면에서 '설정함' 상태이더 라도 필수 수집이 아닐 경우 검수 항목에 표시되지 않으므로 참고하기 바랍니다.

PART 8

09 서비스 신청을 위해 입력한 모든 정보를 확인하고 [완료] 버튼을 눌러 설정을 완료합니다.

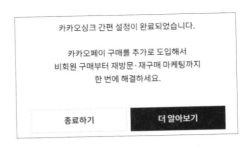

- '(선택) 비즈니스 채널 신청 제한 업종이 아닙니다' 에 반드시 동의해야 합니다. 동의하지 않을 경우 채널의 비즈 전환이 완료되지 않습니다. 비즈 채널로 전환하지 않고 서비스를 신청할 경우, 수집 가능한 고객의 정보가 세 가지(프로필, 이메일, 전화번호)로 제한됩니다.

- 완료 메시지가 표시될 때까지 기다립니다. 설정이 진행 중인 상태일 때 팝업을 종료하면 오류가 발생할 수 있습니다. 그럴 때는 일단 카카오싱크를 '사용안함'으로 한 번 더 저장한 후 다시 간편 설정을 실행합니다.

10 정상적으로 설정이 완료될 경우, 연결된 REAT API Key와 Javascript Key가 표시됩니다. 만일 표시되지 않을 경우 약 3분 정도 기다렸다가 새로 고침을 합니다.

11 결과 화면입니다.

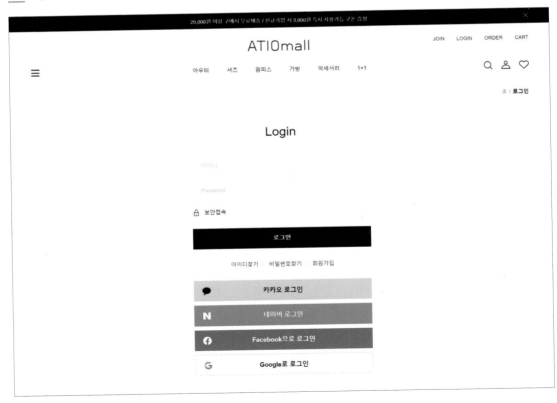

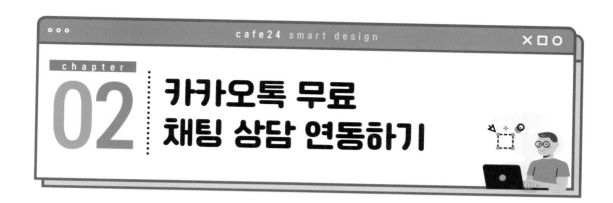

cafe24 smart design

chapter

02

카카오톡 무료
채팅 상담 연동하기

01 [앱]–[마이앱]–[앱스토어 바로가기]에서 [무료] 카카오톡 채팅상담을 설치합니다.

02 [관리하기]를 클릭합니다.

PART 8

03 다음 진행 절차에 따라 설정합니다.

1️⃣ 플러스친구 관리자 센터로 이동(https://center-pf.kakao.com/)합니다.

2️⃣ 플러스친구 관리자 계정을 생성합니다.

3️⃣ 채널 홍보 메뉴를 선택합니다.

4️⃣ 홈 URL 'https://pf.kakao.com/' 이하의 코드값 확인 후 위 입력창에 코드를 입력합니다.

5 원활한 서비스를 위해 [1:1채팅]-[채팅 설정] 메뉴에서 '1:1 채팅 사용'을 'ON'으로 설정합니다.

04 버튼을 설정하고 하단에 [저장]을 클릭합니다.

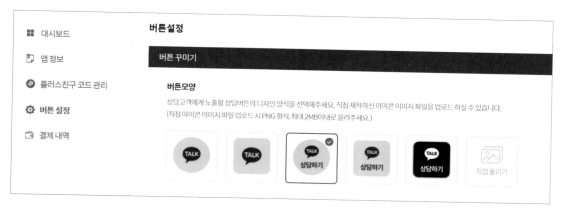

05 [앱 정보] 메뉴를 클릭하고 '미실행'을 클릭하면 '실행'으로 변경됩니다.

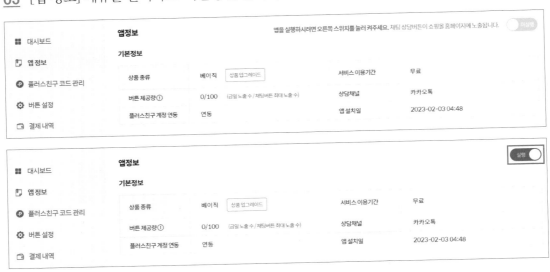

06 적용된 결과 화면입니다. 스마트폰에서도 정상적으로 작동되는지 확인하세요. 스마트폰에는 카카오 채널 관리자 센터 앱을 설치하기 바랍니다.

디자인 백업 및 복구하기

cafe24 smart design

chapter 03

카페24는 쇼핑몰 디자인 파일을 안전하게 관리할 수 있도록 백업 및 복구 기능을 제공합니다. 자동 또는 수동으로 디자인 파일을 저장할 수 있으며, 저장된 디자인 파일은 복구할 수도 있습니다. 실수나 오류로 발생하는 디자인 파일 손상을 방지하기 위해 사용합니다.

01 디자인 백업

디자인 백업은 매일 새벽 5시에 24시간 전의 관리자 로그인 기록이 있는 경우 시스템에서 자동으로 백업합니다. 저장된 파일은 7일까지 보관되고, 다운로드할 수 있습니다. 수동으로 백업하기 위해서는 [디자인 관리]−[디자인 백업, 복구]를 클릭하고 저장하려는 디자인 스킨을 선택한 다음 [백업하기] 버튼을 클릭합니다.

저장된 파일은 [관리자 디자인]–[예약/백업/복구]–[디자인 백업/복구]–[디자인 복구]에서 확인할 수 있습니다.

• 중요한 디자인 파일은 다운로드하여 내 컴퓨터에 저장하는 것을 권장합니다.
• HTML 파일만 백업됩니다.
• 에디봇 디자인은 백업이 되지 않습니다.
• 백업 파일은 자동 84개, 수동 12개까지 보관할 수 있습니다.

백업된 디자인 파일을 복구할 수 있습니다. 파일 업로더 또는 스마트 디자인 편집창에서 HTML 관련 파일을 실수로 삭제했을 때 사용을 권장합니다. [관리자 디자인]–[예약/백업/복구]–[디자인 백업/복구]로 이동하여 복구하려는 디자인 이름을 확인합니다.

목록의 [복구] 버튼을 누르거나 [내 컴퓨터에서 복구] 버튼을 눌러 줍니다. 다운로드 받은 디자인 파일을 등록하면 복구가 완료됩니다.

내 컴퓨터에서 복구하는 경우, 다운로드 파일명이 같아야 복구됩니다. 에디봇 디자인은 백업이 되지 않기 때문에 복구 기능이 없습니다.

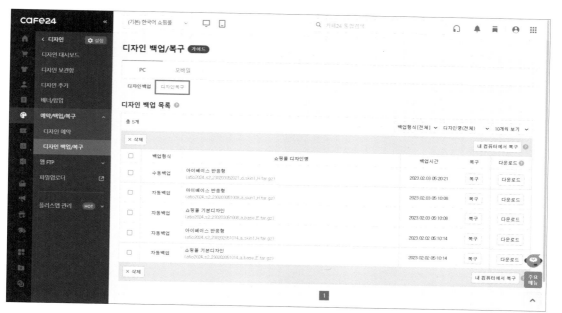

● 쇼핑몰을 제작하는데 유용한 프로그램

01. 파일질라 FTP

FTP는 File Transfer Protocol의 약자로 파일전송 프로그램입니다. 대량의 파일을 네트워크를 통해 주고 받을 때는 파일 전송 전용 서비스인 FTP를 사용하는 것이 유리합니다. FTP는 대표적인 무료 프로그램인 파일질라를 사용하겠습니다.

1 파일질라 설치하기

❶ 파일질라 프로그램은 https://filezilla-project.org/에서 다운받을 수 있습니다. 파일질라 메인 화면에서 [다음] 버튼을 클릭합니다.

 을 클릭하면 [다음] 버튼이 보입니다.

 을 클릭하고 파일질라 프로그램을 다운로드 받습니다.

❷ 파일질라 실행 파일을 더블클릭하여 실행합니다.

❸ Finish(마침)를 클릭하면 바탕화면에 바로가기 아이콘이 만들어집니다.

② 파일질라 사용하기

❶ 파일질라를 실행하면 다음과 같이 초기 화면이 나옵니다.

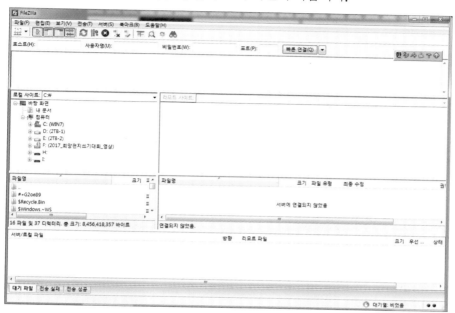

❷ [파일]-[사이트 관리자]를 클릭하거나 단축키 Ctrl + S 를 클릭하면 사이트 관리자가 열립니다.

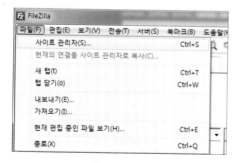

❸ 사이트 관리자에서 [새폴더]를 클릭
하면 새폴더가 추가됩니다.

❹ 사용하고자 하는 폴더명을 입력합니
다. 여기에서는 '사이트' 라고 입력하
겠습니다. [이름 바꾸기] 버튼을 클
릭하면 폴더명을 변경할 수 있습니
다. [새 사이트] 버튼을 클릭한 다음,
사용하고자 하는 새 사이트 이름을
입력합니다.

❺ 호스트(H)는 FTP 주소라고도 말하며 카페24 쇼핑몰
제작 시에는 '아이디.cafe24.com'을 사용합니다. 로
그온 유형에는 일반을 선택하고, 사용자에는 아이디
와 비밀번호를 입력하고 [연결] 버튼을 클릭합니다.

❻ 연결된 화면은 다음과 같습니다. 4분할 영역 중 왼쪽 두 칸은 내 컴퓨터 환경이고, 오른쪽 두 칸은 웹서버 환경입니다.

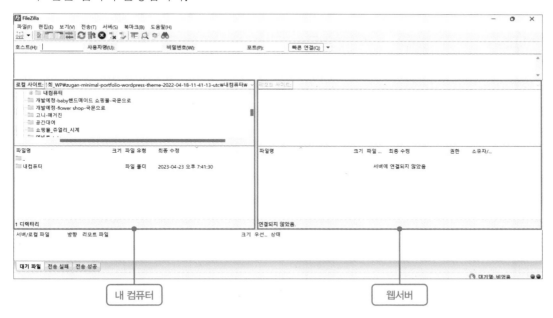

내 컴퓨터   웹서버

쇼핑몰 제작 시 필요한 파일들은 ftp를 통하여 파일 업로드 및 다운로드가 가능합니다.

02. 웨일 브라우저 : 멀티태스킹 브라우저

웨일 브라우저는 네이버에서 제작한 크롬 기반의 웹 브라우저로 PC 모드와 모바일 모드를 동시에 확인하면서 쇼핑몰 제작 작업을 할 수 있는 장점이 있습니다. 브라우저 안에 캡처 기능도 있어 웹 브라우저를 사용하는 동안에는 간단한 캡처 기능도 활용할 수 있고, 사이드바에 있는 네이버 메모 기능을 활용할 수 있어 편리합니다. 네이버에서 검색하여 설치하면 됩니다.

웨일 브라우저 초기 화면으로, 우측 하단에 톱니 모양을 클릭하여 바꿀 수 있습니다.

브라우저 우측 최상단에서 캡처 기능을 활용할 수 있습니다.

Ctrl +] 를 누르면 사이드바를 활용할 수 있는데 한 번 더 누르면 사라집니다.

샘플 쇼핑몰(https://atio2023.cafe24.com/)에 접속한 후 [제목] 탭에서 우측 마우스를 클릭 한 다음, [모바일창에서 보기]를 클릭하면 모바일창이 따로 뜹니다. 네이버 웨일 브라우저는 PC 보기와 모바일 보기를 함께 확인해가며 쇼핑몰제작 작업을 할 수 있는 멀티태스킹 모드를 제공합니다.

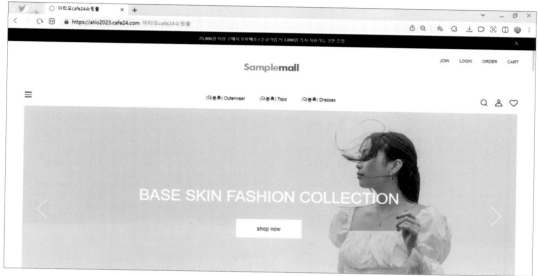

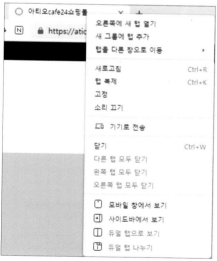

03. 무료 디자인 및 무료 폰트 사이트

■ 다폰트 https://www.dafont.com/

다양한 영문 폰트가 존재하며, 무료로 사용할 수 있습니다.

■ 카페24 무료 폰트 https://fonts.cafe24.com/

카페24에서 제공하는 무료 폰트로, 사용범위 제한없이 자유롭게 사용할 수 있습니다.

■ 픽사베이 https://pixabay.com/

270만장 이상의 고품질 사진을 무료로 제공하고 있는 사이트입니다.

■ 아이콘 몬스터 무료 픽토그램 https://iconmonstr.com/

316개 컬렉션에서 4,784개 이상의 무료 아이콘을 검색하고 활용할 수 있는 사이트입니다.

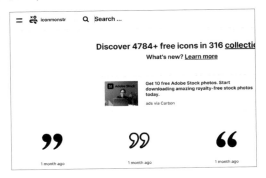